Le Théâtre

CARMONTELLE

VINGT-CINQ PROVERBES DRAMATIQUES

LES
VOYAGEURS

L'UNIFORME DE CAMPAGNE
LA TRICHERIE — PLUS HEUREUX QUE SAGE
UN PEU D'AIDE FAIT GRAND BIEN
OU LE SEIGNEUR AUTEUR
AVEC LES FRIPONS TOUT A PERDRE
OU LE MARCHAND DE BIJOUX

NOUVELLE ÉDITION

PUBLIÉE

fondateur Collection — 100 Bons Livres 10c

PARIS

DÉPARTEMENTS, ÉTRANGER,
CHEZ TOUS LES LIBRAIRES

1878

20 c. — THÉATRE — 20 c.

CHEZ TOUS LES LIBRAIRES

JANVIER 1878	FÉVRIER 1878
Beaumarchais	**Regnard**
1 *Barbier Séville*, et Musique	26 *Le Joueur*
2 *Mariage Figaro*, et Musique	27 *Le Légataire et Critique*
3 *La Mère coupable*	28 *Le Distrait, — Amadis*
Brueys	29 { *Attendez-moi, — Coquette* / *Le Marchand ridicule* }
4 *Avocat Patelin et le Grondeur*	30 { *Retour, — Sérénade* / *Bourgeois de Falaise (Bal)* }
Desforges, — Baron	31 { *Arlequin à bonnes fortunes* / *Critique de l'Arlequin* / *Les Vendanges* / *La Descente aux Enfers* }
5 *Le Sourd.- Bonnes fortunes*	
Le Sage	
6 *Turcaret, — Crispin rival*	32 *Carnaval - Orfeo, - Divorce*
THÉATRE D'ÉDUCATION de Florian et de Berquin.	33 { *Folies amoureuses,* / *Mariage Folie, — Souhaits* }
7-8 FLORIAN, Huit comédies.	34 *Foire St-Germain et Suite*
9-10 BERQUIN, Dix comédies.	35 *Les Ménechmes*
Collin-d'Harleville	**Scarron**
11 *Mr de Crac, — l'Inconstant*	36 *Jodelet — Japhet*
12 *L'Optimiste*	**Dufresny**
13 *Châteaux en Espagne*	37 *Coquette,—Dédit,—Esprit*
14 *Le Vieux Célibataire*	38 *Le Mariage — le Veuvage*
15 *La Famille bretonne*	**Carmontelle**
16 *Vieillard et Jeunes Gens*	39 à 42 Vingt-cinq **Proverbes**
17 *Malice pour Malice*	**Gresset**
Marivaux	43 *Le Méchant*
18 { *Les Fausses Confidences* / *L'Ecole des Mères* }	**Destouches**
19 { *Jeu de l'Amour et Hazard* / *L'Épreuve nouvelle* }	44 *Le Philosophe marié*
20 *Legs, - Préjugé, -Arlequin*	45 *Le Glorieux*
21 *Surprise, — la Méprise*	46 { *La Fausse Agnès* / *Le Triple Mariage* }
22 *2e Surprise, — les Sincères*	47 *Le Curieux, — L'Ingrat*
23 *L'Inconstance, — Amours*	48 *Le Dissipateur*
Pergolèse, et Musique	49 *Le Médisant, — l'Irrésolu*
Servante et STABAT MATER	50 *Le Tambour nocturne*
...sseau	
...nces, piano	

CARMONTELLE

VINGT-CINQ PROVERBES DRAMATIQUES

LES

VOYAGEURS

L'UNIFORME DE CAMPAGNE
LA TRICHERIE — PLUS HEUREUX QUE SAGE
UN PEU D'AIDE FAIT GRAND BIEN
OU LE SEIGNEUR AUTEUR
AVEC LES FRIPONS TOUT A PERDRE
OU LE MARCHAND DE BIJOUX

799

NOUVELLE ÉDITION

PUBLIÉE

PARIS *1769.*

DÉPARTEMENTS, ÉTRANGER,

CHEZ TOUS LES LIBRAIRES

1878

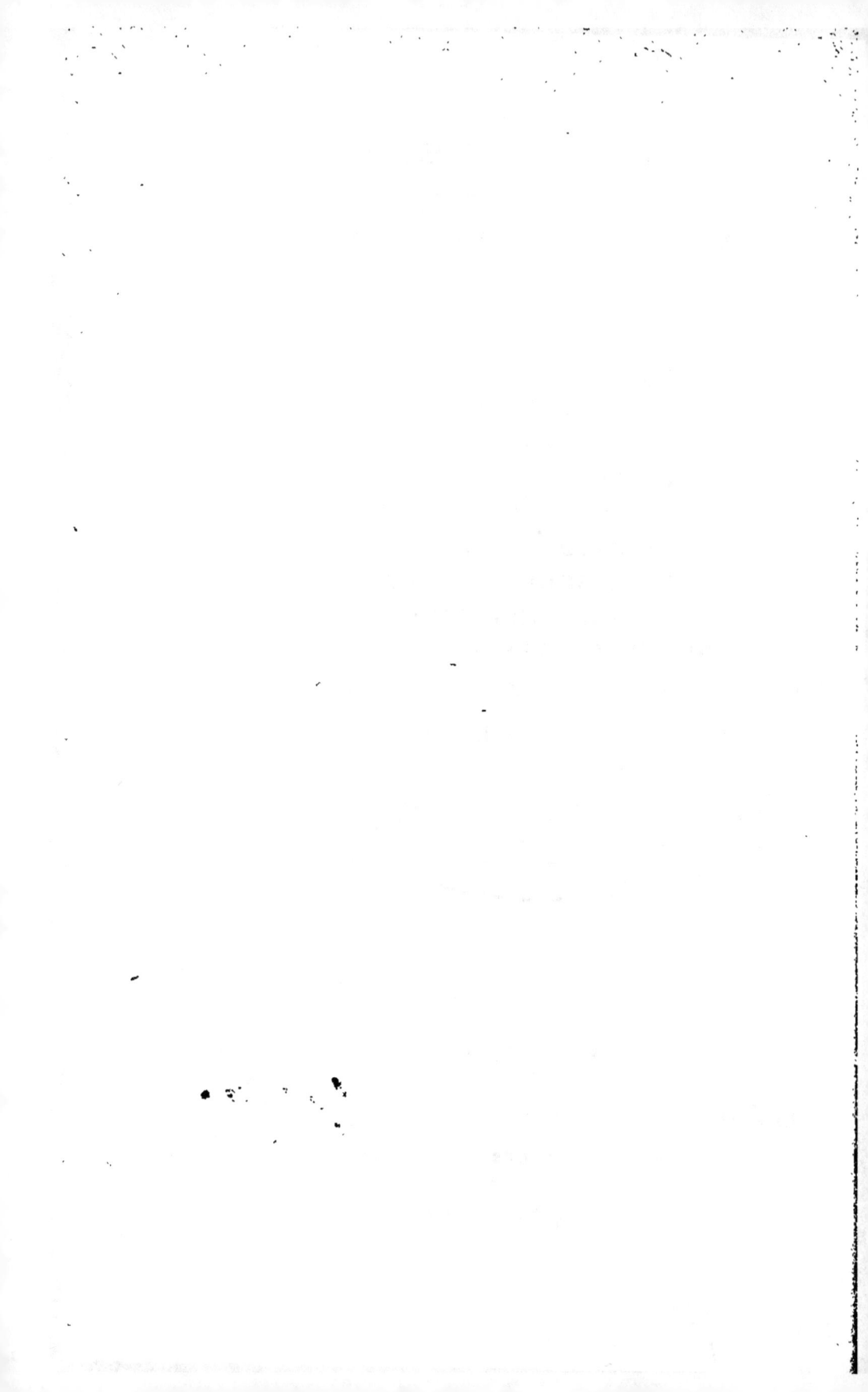

LES VOYAGEURS

PERSONNAGES

Mme DE MORTILIÈRE.

Mme DE SOUSAY.

L'ABBÉ D'ORLOT.

Mme ROUGEAU, maîtresse de poste.

M. DU HABLE.

M. PINÇON, exempt de la maréchaussée.

ANDRÉ, postillon.

(La scène est à la poste.)

SCÈNE I

Mme ROUGEAU, M. DU HABLE.

M. Du Hable, avant de paraître. — Où est-elle? Madame Rougeau?

Mme Rougeau. — Me voilà! me voilà! Ah! c'est vous monsieur Du Hable?

M. Du Hable. — Oui, c'est moi-même : n'y a-t-il personne ici qui nous entende?

Mme Rougeau. — Non, non, vous pouvez parler.

M. Du Hable. — Il va vous arriver une voiture où il y a un abbé et deux dames.

Mme Rougeau. — En poste?

M. Du Hable. — Oui : ainsi vous savez bien ce que vous avez à faire.

Mme Rougeau. — Sans doute, mais c'est que je crains toujours.

M. Du Hable. — Quoi?

Mme Rougeau. — Que, si à la fin cela tournait mal...

M. Du Hable. — Que voulez-vous dire? quel mal trouvez-vous d'attraper des nigauds? D'ailleurs, vous leur faites bonne chère, et ils ne souperaient pas si bien et ne seraient pas si bien couchés à d'autres postes.

Mme Rougeau. — Cela est vrai.

M. Du Hable. — Ne seront-ils pas trop heureux d'être ici ?

Mme Rougeau. — Sans doute, mais...

M. Du Hable. — N'avons-nous pas toujours réussi? n'y gagnez-vous pas de l'argent?

Mme Rougeau. — J'en conviens, mais...

M. Du Hable. — Quelle idée avez-vous donc aujourd'hui. Tenez, voilà la voiture arrivée; songez à vous dans un moment je ferai le reste. (Il sort.)

SCÈNE II

Mme ROUGEAU, ANDRÉ.

André. — Madame Rougeau, v'là qu'on demande quatre chevaux.

Mme Rougeau. — N'as-tu pas dit qu'il n'y en avait pas

André. — Oui vraiment.   is il y a un abbé qui jure comme un possédé et qui --- qu'il nous en fera bien trouver.

Mme Rougeau. — Ah! je ne le crains pas : fais sortir ceux qui sont dans l'écurie dans le verger, et ferme bien la porte du jardin.

André. — Ah! oui, oui, j'entends : j'y vais.

SCÈNE III

Mme DE MORTILIÈRE, Mme DE SOUSAY, L'ABBÉ, Mme ROUGEAU.

L'Abbé, d'une voix flûtée. — Comment! ventre non pas d'un diable, il n'y a pas de chevaux ici! je ferai casser le maître de poste.

Mme Rougeau. — Monsieur l'abbé, il n'y en a pas : il est mort il y a trois ans, le pauvre homme!

L'Abbé. — Est-ce vous qui êtes la maîtresse de la poste?

Mme Rougeau. — Oui, monsieur, à vous obéir.

L'Abbé. — A m'obéir! En ce cas-là, donnez-nous des chevaux.

Mᵐᵉ Rougeau. — Mais, monsieur l'abbé, je n'en ai pas pour le présent.

L'Abbé. — Comment! mort non pas d'un diable, vous n'avez pas de chevaux! Pourquoi donc êtes-vous maîtresse de poste? Je m'en plaindrai à M. l'Intendant.

Mᵐᵉ Rougeau. — Et c'est justement lui-même qui les a tous pris.

L'Abbé. — Qui?

Mᵐᵉ Rougeau. — Mᵍʳ l'intendant; mais avant une heure il y en aura sûrement de retour.

L'Abbé. — Comment! l'intendant?

Mᵐᵉ Rougeau. — Il fait sa tournée, et il a bien du monde: je vous réponds que les chevaux ne tarderont pas.

L'Abbé. — Il faudrait envoyer au-devant.

Mᵐᵉ Rougeau. — De quel côté ces dames vont-elles, monsieur l'abbé?

L'Abbé. — Nous allons à Sedan.

Mᵐᵉ Rougeau, faisant l'étonnée. — A Sedan, monsieur l'abbé!

L'Abbé. — Oui, à Sedan.

Mᵐᵉ Rougeau. — Allons, puisque vous voulez partir absolument.

L'Abbé. — Assurément.

Mᵐᵉ Rougeau. — Je vais envoyer.

L'Abbé. — Et vous ferez bien.

SCÈNE IV

Mᵐᵉ DE MORTILIÈRE, Mᵐᵉ DE SOUSAY, L'ABBÉ.

Mᵐᵉ DE Mortilière. — Vous voyez, madame, comme il est nécessaire d'avoir des hommes quand on voyage pour parler à tous ces gens-là.

Mᵐᵉ DE Sousay. — Oui, mais l'abbé m'a fait peur: il jure, que c'est affreux!

L'Abbé. — Bon! vous ne voyez rien: quand j'ai pensé être cornette de dragons, je jurais bien mieux que cela.

Mᵐᵉ DE Mortilière. — Mais, fi donc!

L'ABBÉ. — Mon oncle avait un lieutenant dans sa compagnie, qui s'appelait Pinçon, qui m'en avait bien appris d'autres. Oh! j'aurais été un fort bon militaire si l'on ne m'avait pas fait abbé.

Mme DE SOUSAY. — Je le crois, au moins, madame.

Mme DE MORTILIÈRE. — Et moi aussi : je voudrais voir l'abbé d'Orlot en dragon.

L'ABBÉ. — Je vous en donnerai le plaisir si vous voulez, quand nous serons à Sedan. J'ai encore l'habit qu'on m'avait fait faire.

Mme DE SOUSAY. — Je ne m'étonne pas s'il est brave, l'abbé : il est charmant ! il n'a peur de rien en voyage, il est tout à fait rassurant.

L'ABBÉ. — La bravoure est une misère : quand on pense d'une certaine façon, l'état ne fait rien.

Mme DE MORTILIÈRE. — Je ne crois pas cela, car j'ai vu un évêque qui avait peur des vaches : s'il eût été colonel, sûrement il ne les aurait pas craintes.

Mme DE SOUSAY. — Enfin nous sommes fort heureuses d'avoir l'abbé avec nous.

Mme DE MORTILIÈRE. — Il faut en avoir bien soin.

Mme DE SOUSAY. — Sans doute, et je pense qu'il s'est enroué en criant : si nous lui faisions faire un lait de poule?

Mme DE MORTILIÈRE. — Cela est très-bien pensé.

L'ABBÉ. — Allons, mesdames, vous êtes trop bonnes.

Mme DE SOUSAY. — Non, non, l'abbé, je le veux absolument, et je vais appeler quelqu'un.

Mme DE MORTILIÈRE. — Oui, car il ne pourrait peut-être plus chanter. Ah! voilà la maîtresse.

SCÈNE V

Mme DE MORTILIÈRE, Mme DE SOUSAY, Mme ROUGEAU, L'ABBÉ.

Mme ROUGEAU. — Monsieur l'abbé, je viens vous dire une bonne nouvelle.

L'ABBÉ. — Comment?

Mme Rougeau. — Vous aurez des chevaux avant un quart d'heure.

L'Abbé. — Vous voyez bien, mesdames, que je savais bien que je vous en ferais avoir.

Mme Rougeau. — Oui; mais, monsieur l'abbé, je ne sais pas si vous ferez bien de vous en servir.

L'Abbé. — Pourquoi donc?

Mme Rougeau. — C'est qu'il est déjà tard, et la nuit...

L'Abbé. — Oh! nous ne craignons rien.

Mme Rougeau. — Si vous ne craignez rien, cela est différent.

L'Abbé. — Comment! cela est différent? Est-ce qu'il y a de mauvais chemins?

Mme Rougeau. — Ce n'est pas cela : le chemin est bon, mais la forêt...

L'Abbé. — La forêt! que voulez-vous dire?

Mme Rougeau. — Oh! rien, je ne veux pas faire peur à ces dames. Je ferai mettre les chevaux aussitôt qu'ils seront arrivés : on ne leur fera pas manger l'avoine pour ne pas vous retarder.

Mme de Mortilière. — Dites donc, madame, qu'est-ce qu'il y a dans la forêt?

Mme Rougeau. — Oh! rien, rien.

Mme de Sousay. — Nous voulons le savoir absolument.

Mme Rougeau. — Eh bien! madame, je m'en vais le dire à M. l'abbé.

L'Abbé, inquiet. — Voyons, dites-moi ce que c'est.

Mme Rougeau, à l'abbé, à part. — Est-ce que vous n'avez pas entendu parler de Bras-de-fer?

L'Abbé. — Non, qu'est-ce que c'est que Bras-de-fer?

Mme Rougeau. — C'est un solitaire qui arrête toutes les voitures pour les voler.

L'Abbé. — Cela est bien certain?

Mme Rougeau. — Oui, monsieur l'abbé.

Mme de Sousay. — Madame, l'abbé pâlit.

L'Abbé. — Je pâlis?

Mme de Sousay. — Oui, l'abbé.

L'Abbé, se rassurant. — Moi? point du tout.

Mme de Mortilière. — Allons, madame, dites-nous donc...

SCÈNE VI

LES PRÉCÉDENTS, M. DU HABLE.

M. DU HABLE, sans paraître. — Allons donc, madame Rougeau, des chevaux, des chevaux; mais où est-elle donc?

Mme ROUGEAU. — Me voilà! me voilà!

M. DU HABLE. — Ah! ah! ici? Mesdames, je vous demande bien pardon. (Il veut s'en aller.)

L'ABBÉ. — Entrez donc, monsieur, entrez donc.

M. DU HABLE. — C'est que je crains d'être indiscret.

L'ABBÉ. — Ces dames vous en prient.

Mme DE SOUSAY. — Oui, monsieur, nous serions bien aises de causer avec vous.

L'ABBÉ. — Monsieur, pourrait-on vous demander si vous venez de Sedan?

M. DU HABLE. — Oui, monsieur.

Mme DE MORTILIÈRE, à Mme de Sousay. — Ah! ah! madame, nous allons savoir...

L'ABBÉ. — Monsieur, le chemin est-il sûr?

M. DU HABLE. — Oui, monsieur, c'est un fort bon chemin.

L'ABBÉ. — Il n'y a donc rien à craindre?

M. DU HABLE. — Non : pour peu que votre voiture soit bonne, vous arriverez aisément à Sedan.

Mme DE MORTILIÈRE. — Mais ce n'est pas là ce que nous vous demandons : nous voudrions savoir si nous ferons bien de traverser la forêt la nuit.

M. DU HABLE. — C'est selon qu'on est brave.

Mme DE SOUSAY. — Comment? brave! Madame...

L'ABBÉ. — Voilà ces dames qui se récrient déjà. Pour moi, je n'aurais pas peur, mais quand on est avec des femmes vous sentez bien qu'on est fort embarrassé.

M. DU HABLE. — Ma foi, monsieur, il me semble pourtant qu'on doit avoir peur la nuit : pour le jour, on voit venir et l'on se tient sur ses gardes.

L'ABBÉ, tremblant. — Comment, sur ses gardes!

M. DU HABLE. — Oui. Par exemple, j'ai vu Bras-de-fer

venir à gauche, j'ai tenu mon pistolet sur la portière, il s'est éloigné. Je me suis bien douté qu'il reparaîtrait à droite. En effet, il s'est présenté, et moi, mes deux pistolets à droite et à gauche, j'ai passé la forêt tranquillement : ainsi, en faisant comme moi, mais de jour, vous n'avez rien à craindre.

L'Abbé. — Mais nous n'avons point de pistolets : je n'ai pas cru, en sortant de Paris, qu'il y avait à craindre sur ce chemin-ci.

M. Du Hable. — Il y a des moments où vous pourriez passer.

L'Abbé. — Des moments?

M. Du Hable. — Oui, où Bras-de-fer serait occupé ailleurs, par exemple...

Mme de Mortilière. — Monsieur l'abbé, je ne passerai jamais la forêt.

Mme de Sousay. — Ni moi non plus, sûrement.

L'Abbé. — Attendez donc, mesdames : il ne faut pas avoir peur comme cela, si vous étiez toutes seules à la bonne heure.

M. Du Hable. — Mesdames, songez donc que vous avez M. l'abbé qui doit vous rassurer.

Mme de Mortilière. — Oui, mais nous ne voulons pas le faire tuer.

M. Du Hable. — Il n'y a rien à craindre avec des pistolets, je vous en réponds.

Mme de Sousay. — Mais, monsieur, on vous a déjà dit que nous n'en avions point.

M. Du Hable. — Cela devient différent.

L'Abbé. — Attendez, mesdames, il me vient une idée.

Mme de Mortilière. — Allons, voyons, l'abbé.

Mme de Sousay. — Ah! il est charmant.

L'Abbé. — Monsieur, vous pouvez nous faire un grand plaisir et qui obligerait infiniment ces dames.

M. Du Hable. — Je ne demande pas mieux, assurément.

L'Abbé. — Je le crois; ainsi voici ma proposition : vous pourriez nous prêter ou nous céder vos pistolets; vous n'en avez pas besoin pour aller d'ici à Paris : il n'y a rien à craindre, nous en venons.

M. Du Hable. — Oui, monsieur; mais je n'y vais pas, moi : à trois lieues d'ici je quitte la grande route..., et, ma foi, on ne sait pour lors qui on peut rencontrer; je suis au désespoir de vous refuser ainsi que ces dames. Je voudrais de tout mon cœur...

Mme de Mortilière. — Ah! monsieur, nous n'en doutons pas. En vérité, l'abbé, aussi vous ne songez à rien.

L'Abbé. — Vous verrez que j'ai tort, à présent.

Mme de Sousay. — Les hommes sont comme cela.

Mme de Mortilière. — Moi, je ne saurais souffrir les gens trop braves.

L'Abbé. — Mais, madame, ce n'est pas ma faute si...

Mme de Sousay. — Il faut du moins craindre pour les autres et ne pas croire que tout le monde vous ressemble.

L'Abbé. — Croyez-vous que je ne crains pas?

M. Du Hable. — Attendez, mesdames, je crois que je pourrai vous tirer d'embarras.

Mme de Mortilière. — Ah! monsieur, dites donc promptement.

M. Du Hable. — Oui, sûrement, je dois les avoir.

L'Abbé. — Quoi donc?

M. Du Hable. — Je m'en vais vous le dire.

Mme de Sousay. — Ne nous faites pas languir.

M. Du Hable. — Un de mes cousins, qui raffole de belles armes, m'a prié de lui rapporter de Sedan une paire de pistolets, et je crois que je les ai dans ma malle.

L'Abbé. — Réellement?

M. Du Hable. — Je n'en suis pas bien sûr, mais je vais y voir.

Mme de Mortilière. — Ah! monsieur, ne perdez pas un instant.

L'Abbé. — Pourvu que vous ne les ayez pas oubliés.

M. Du Hable. — Je me rappelle à présent qu'ils doivent y être : je reviens dans le moment.

L'Abbé. — Allez, allez, monsieur, allez vite et envoyez-nous la maîtresse.

M. Du Hable. — La voici, monsieur l'abbé.

SCÈNE VII

Mme DE MORTILIÈRE, Mme DE SOUSAY, L'ABBÉ, Mme ROUGEAU.

Mme Rougeau. — Monsieur l'abbé, vos chevaux vont être mis dans l'instant.

L'Abbé. — Écoutez-nous, madame.

Mme Rougeau. — Oh! monsieur, ils sont bons, ils vous mèneront bien.

L'Abbé. — Ce n'est pas là ce que je veux dire.

Mme Rougeau. — Je vous donnerai deux postillons qui n'ont pas peur.

L'Abbé. — Un moment donc.

Mme Rougeau. — Ils iront ventre à terre, si on vous attaque...

L'Abbé. — Mais nous ne voulons pas partir à présent.

Mme Rougeau. — Vous partirez quand vous voudrez, je vous réponds qu'avec ces deux hommes-là vous n'avez rien à craindre.

L'Abbé. — Nous ne craignons pas non plus, mais ces dames veulent coucher ici.

Mme Rougeau. — En ce cas, je m'en vais faire leurs lits.

L'Abbé. — A la bonne heure, mais avant...

Mme Rougeau. — Vous aurez des draps très-propres et de bons lits, cela va être fait dans le moment.

L'Abbé. — Attendez donc.

Mme Rougeau. — Je sais tout ce qu'il faut à des dames comme celles-là, ne vous inquiétez pas, monsieur l'abbé, vous serez aussi très-bien couché. Allons, Marianne! Geneviève!

L'Abbé. — Voulez-vous bien attendre?

Mme Rougeau. — Quoi donc?

L'Abbé. — Nous voulons souper avant tout.

Mme Rougeau. — Il faut donc le dire. Allons, je vais faire tuer des poulets.

L'Abbé. — Mais ils seront durs.

Mᵐᵉ Rougeau. — Oh! que non, on leur fait avaler du vinaigre : je vais vous faire faire une bonne fricassée.

L'Abbé. — Mais il faut autre chose.

Mᵐᵉ Rougeau. — Ne vous embarrassez pas, vous serez contents. Allons, Marianne! Geneviève!

L'Abbé. — Vous ne voulez pas nous dire...

Mᵐᵉ Rougeau. — Mon Dieu! laissez-moi faire, laissez-moi faire.

SCÈNE VIII

Mᵐᵉ DE MORTILIÈRE, Mᵐᵉ DE SOUSAY, M. DU HABLE, L'ABBÉ.

M. Du Hable. — Tenez, monsieur l'abbé, voilà les pistolets dont je vous ai parlé.

L'Abbé. — Voyons, voyons.

Mᵐᵉ de Mortilière. — L'abbé, prenez garde.

M. Du Hable. — Ils ne sont pas chargés, madame.

L'Abbé. — Ils sont bien à la main. (Il touche au chien et le fait partir.) Eh bien! qu'est-ce que c'est donc que cela?

(Il a peur.)

Mᵐᵉ de Sousay. — L'abbé, n'êtes-vous pas blessé?

M. Du Hable. — Il n'y a rien à craindre, madame.

L'Abbé. — Non, c'est que je voulais essayer...

Mᵐᵉ de Mortilière. — Prenez donc garde, encore une fois.

L'Abbé. — Ce n'est pas d'aujourd'hui que je sais manier des armes : je crois ces pistolets fort bons.

M. Du Hable. — Ils sont bien conditionnés.

L'Abbé. — C'est ce que je vous dis, et combien vous ont-ils coûté?

M. Du Hable. — Dix louis, monsieur l'abbé.

L'Abbé. — Je vais vous les payer. (Il les regarde toujours.)

Mᵐᵉ de Mortilière. — Non, l'abbé, c'est notre affaire.

(Elles donnent chacune cinq louis.)

L'Abbé. — Voilà ce que je ne souffrirai pas.

Mᵐᵉ de Sousay. — C'est une misère.

L'Abbé. — D'ailleurs c'est moi qui les achète.

Mᵐᵉ DE MORTILIÈRE. — Je vous dis que non.

L'ABBÉ. — Je veux les avoir à moi.

Mᵐᵉ DE SOUSAY. — Eh bien! nous vous en faisons présent.

L'ABBÉ. — Cela serait joli! Ah! çà, monsieur, vous
lites dix louis?   (Il met la main à la poche.)

M. DU HABLE. — Ces dames m'ont payé, monsieur.

L'ABBÉ. — En vérité, mesdames, voilà de ces choses
qui ne se font pas.

Mᵐᵉ DE MORTILIÈRE. — Allons, l'abbé, ne parlez plus de
cela.

L'ABBÉ. — Je vais vous rendre vos dix louis.

Mᵐᵉ DE SOUSAY. — Voulez-vous bien finir cet enfantil-
lage-là, l'abbé?

Mᵐᵉ DE MORTILIÈRE. — Allez plutôt voir si notre souper sera bon, vous vous y connaissez.

L'ABBÉ. — Un peu.

Mᵐᵉ DE SOUSAY. — Il faut que monsieur soupe avec
nous.

M. DU HABLE. — Madame, je ne puis pas avoir cet
honneur-là.

Mᵐᵉ DE MORTILIÈRE. — Ah! monsieur, nous vous en
prions : nous vous avons trop d'obligations pour que...

L'ABBÉ. — Monsieur, vous ne pouvez pas refuser ces
dames.

M. DU HABLE. — Puisqu'elles le veulent absolument...

SCÈNE IX

Mᵐᵉ DE MORTILIÈRE, Mᵐᵉ DE SOUSAY, L'ABBÉ,
M. PINÇON, Mᵐᵉ ROUGEAU, M. DU HABLE.

M. PINÇON, sans paraître. — Où est-il donc, M. l'abbé
d'Orlot?

Mᵐᵉ ROUGEAU. — Ici, monsieur.

L'ABBÉ. — Ah! c'est M. Pinçon.

M. PINÇON, en redingote sur un habit. — Moi-même, monsieur l'abbé; j'ai reconnu là-bas Flamand, qui m'a dit
que vous étiez ici.

L'Abbé. — Mesdames, voilà mon maître à jurer, dont je vous parlais tout à l'heure.

M. Pinçon. — Que dites-vous donc là, monsieur l'abbé?

Mme de Mortilière. — Nous serons fort aises de faire connaissance avec M. Pinçon.

L'Abbé. — D'où venez-vous comme cela, monsieur Pinçon?

M. Pinçon. — De trois lieues d'ici, monsieur l'abbé.

Mme de Sousay. — Et allez-vous à Sedan, monsieur?

M. Pinçon. — Oui, madame.

Mme de Mortilière. — J'en suis fort aise, parce que vous pourrez nous accompagner.

M. Pinçon. — De tout mon cœur, madame.

Mme de Sousay. — Êtes-vous armé?

M. Pinçon. — Oui, madame, et assez bien : d'ailleurs j'ai encore quatre personnes avec moi qui le sont aussi.

M. Du Hable, à Mme Rougeau. — Quel est donc cet homme-là?

Mme Rougeau. — Je ne le connais pas.

M. Du Hable. — J'ai envie de m'enfuir. (Il veut sortir.)

Mme de Mortilière. — Monsieur, où allez-vous donc?

M. Du Hable. — Je reviens, monsieur l'abbé.

Mme de Sousay. — Ah! l'abbé, je parie qu'il ne veut pas souper avec nous. Retenez-le donc.

M. Pinçon. — Sûrement : monsieur, restez, restez.

M. Du Hable. — Monsieur, est-ce que j'ai l'honneur d'être connu de vous?

M. Pinçon. — Non, monsieur, pas encore.

Mme de Mortilière. — Ah! monsieur, c'est le plus honnête homme du monde, et à qui nous avons la plus grande obligation.

M. Pinçon. — Comment donc?

Mme de Sousay. — Il nous a fait le plaisir de nous céder ces pistolets pour ce qu'ils lui ont coûté.

L'Abbé. — Oui, pour dix louis.

M. Pinçon. — Ils sont fort beaux, mais qu'en voulez-vous faire?

L'Abbé. — Passer la forêt en sûreté : c'est ce qui nous

a fait demander si vous étiez armé, à cause d'un certain voleur nommé Bras-de-fer.

M. PINÇON. — Qui est dans la forêt?

Mme DE MORTILIÈRE. — Oui, vraiment : est-ce que vous ne le saviez pas?

M. PINÇON. — On m'en avait dit quelque chose, mais je ne le croyais pas.

Mme DE SOUSAY. — Voilà monsieur qui l'a vu.

M. PINÇON. — Vous l'avez vu, monsieur?

M. DU HABLE, embarrassé. — Oui, monsieur.

M. PINÇON. — Et vous avez vendu ces pistolets à ces dames?

M. DU HABLE. — Je les ai cédés.

M. PINÇON. — Pour dix louis?

M. DU HABLE. — Pour ce qu'ils m'ont coûté.

M. PINÇON. — C'est fort bien à vous. Monsieur l'abbé, on parle beaucoup à Sedan de ce voleur.

Mme DE MORTILIÈRE. — Mais il faudrait le faire arrêter.

M. PINÇON. — On a trouvé des moyens pour cela, et M. l'intendant fait faire des perquisitions...

Mme DE SOUSAY. — Il faut qu'une route comme celle-ci soit sûre.

M. PINÇON. — Elle le sera aussi. Monsieur l'abbé, j'ai quitté les dragons.

L'ABBÉ. — Comment mon oncle y a-t-il consenti?

M. PINÇON. — Il savait que je n'avais point de fortune : il m'a fait faire un arrangement pour céder mon emploi, et il m'a fait avoir une lieutenance de la maréchaussée de cette province.   (Il déboutonne sa redingote.)

M. DU HABLE. — Ah! ciel!   (Il veut sortir.)

Mme DE MORTILIÈRE. — C'est fort heureux pour nous madame, nous voyagerons sûrement.

M. PINÇON, à M. Du Hable. — Monsieur, je vous ai déjà dit de rester. Actuellement, commencez par rendre à ces dames les dix louis qu'elles vous ont donnés pour vos pistolets.

M. DU HABLE. — Puisqu'elles n'en ont pas besoin, j'en suis fort aise.   (Il rend l'argent et veut s'en aller.)

M. PINÇON. — Un moment, s'il vous plaît, monsieur.

M. Du Hable. — Mais, monsieur, j'ai affaire.

M. Pinçon. — Je sais votre affaire. Savez-vous quel était le commerce de ce monsieur-là, mesdames ? Celui d'épouvanter les voyageurs pour leur vendre dix louis des pistolets d'un louis.

M. Du Hable. — Monsieur, en vérité...

Mme DE Sousay. — Quoi! il serait possible que nous eussions été sa dupe!

M. Pinçon. — Sûrement, mesdames.

L'Abbé. — Si vous voulez que je vous le dise, je m'en étais un peu douté et je voulais lui parler en particulier.

Mme DE Mortilière. — Ah! oui, l'abbé, c'est bien fin, à cette heure que vous le connaissez.

M. Pinçon. — Allons, monsieur, suivez-moi.

M. Du Hable. — Mais, messieurs, mesdames, monsieur l'abbé, priez donc pour moi.

M. Pinçon. — Cela est inutile. Pour vous, madame Rougeau, nous nous reverrons : faites donner des chevaux à ces dames.

Mme Rougeau. — Et le souper que l'on fait pour elles?

M. Pinçon. — Ces dames ne souperont ni ne coucheront ici.

Mme Rougeau. — Monsieur Du Hable, je vous l'avais bien dit.

M. Pinçon. — Allons, mesdames, j'aurai l'honneur de vous escorter.

Tant va la cruche à l'eau qu'à la fin elle se casse.

FIN

L'UNIFORME DE CAMPAGNE

PERSONNAGES

M. DUVERDIER, auditeur des comptes.

Mme PAVARET, sœur de M. Duverdier.

Mlle BATILDE, fille de M. Duverdier.

M. GOBERGEAU, substitut.

M. LANDIER, greffier.

M. CLAIRVILLE, fils de M. Landier.

M. BÊTASSIER, président au grenier à sel de Troyes.

LA BRIE, laquais de M. Gobergeau.

(La scène est à Arcueil, dans la maison de campagne de M. Duverdier.)

SCÈNE I

Mme PAVARET, Mlle BATILDE.

Mlle BATILDE. — Eh bien! ma tante, que dites-vous de M. de Clairville avec le nouvel uniforme?

Mme PAVARET. — Je dis qu'il est bien bon de l'avoir fait faire.

Mlle BATILDE. — Moi, je suis fort aise de voir qu'il s'occupe de plaire à mon père.

Mme PAVARET. — Et vous avez raison puisque vous l'aimez, mais je n'en trouve pas moins ridicule votre père de vouloir avoir un uniforme à sa campagne.

Mlle BATILDE. — Mais on dit que tout le monde en a.

Mme PAVARET. — Parce que tout le monde veut faire comme les grands, et qui est-ce qui a commencé? C'est le roi d'abord, et puis les princes : je me suis fait expliquer tout cela, encore c'étaient des uniformes de chasse, et mon frère n'avait pas besoin de faire faire des habits verts à tous ses amis pour tuer des lapins dans sa basse-cour.

Mlle BATILDE. — Il tire quelquefois des moineaux.

II. PROVERBES. — 2.

Mme Pavaret. — Oui, et il manque toujours les hirondelles.

Mlle Batilde. — Ma tante, permettez-moi d'aimer les habits verts.

Mme Pavaret. — Vous êtes peut-être comme mon frère, qui a choisi cette couleur-là parce qu'il s'appelle M. Duverdier. Est-ce qu'il ne voulait pas que les femmes fussent aussi habillées de vert?

Mlle Batilde. — Cela m'aurait été fort égal.

Mme Pavaret. — Moi, je ne l'aurais pas voulu : on aurait cru que j'y aurais applaudi, pendant que je suis très-fâchée qu'il ait cette fantaisie-là. Il me semble que j'entends dire : Voyez donc les airs que se donne M. Duverdier, pour un auditeur des comptes; encore s'il était président, à la bonne heure. Et feu mon mari, qui avait pensé l'être, n'aurait jamais fait une chose pareille.

Mlle Batilde. — En vérité, ma tante...

Mme Pavaret. — Et puis les femmes ont déjà dit qu'elles ne porteraient jamais la livrée de M. Duverdier, enfin cela fera que nous n'en aurons peut-être pas ici de longtemps.

Mlle Batilde. — Il est sûr que nous aurons des hommes.

Mme Pavaret. — Moi, j'aime les femmes, parce qu'il faut bien quelqu'un à qui parler à la campagne, et que depuis qu'il y a un billard ici, vous voyez bien que nous restons toujours toutes seules.

Mlle Batilde. — M. Landier nous tient quelquefois compagnie.

Mme Pavaret. — Oui, et il ne dit pas un mot : si vous l'aimez, c'est qu'il est le père de M. de Clairville. Pour M. Gobergeau, il se moque de tout le monde.

Mlle Batilde. — Il est l'ami de mon père, et je crois qu'il faudrait le mettre dans mes intérêts.

Mme Pavaret. — Pour déterminer votre mariage avec M. de Clairville, n'est-ce pas?

Mlle Batilde. Oui, ma tante.

Mme Pavaret. — Et vous croyez qu'il sera fort empressé de vous servir?

Mlle Batilde. — Pourquoi non?

Mme PAVARET. — Il est vrai qu'il pourrait avoir de là occasion de vous faire de mauvaises plaisanteries, et cela pourrait bien l'engager à se mêler de vos affaires.

Mlle BATILDE. — Ah! voilà M. de Clairville.

SCÈNE II

Mme PAVARET, Mlle BATILDE, M. DE CLAIRVILLE.

Mme PAVARET. — Eh bien! monsieur, ma nièce est charmée de vous voir en habit vert, et moi je vous trouve bien bon d'avoir eu cette complaisance.

M. DE CLAIRVILLE. — Il n'y a pas grand mérite à cela, madame : d'ailleurs vous savez ce qui m'occupe le plus : ainsi tout ce qui peut y avoir rapport ne saurait être négligé.

Mme PAVARET. — Je ne crois pas que vous soyez inquiet de votre sort.

M. DE CLAIRVILLE. — Mais, madame...

Mme PAVARET. — Vous avez de l'impatience?

M. DE CLAIRVILLE. — Je l'avoue : je compte sur vos bontés, mais M. Duverdier ne termine rien.

Mme PAVARET. — Il n'avait que son uniforme dans la tête : cela l'empêchait de s'occuper d'autre chose, et c'est ce qui faisait, quand je lui parlais de votre mariage, qu'il me répondait : Oui, oui, nous verrons cela, rien ne presse.

Mlle BATILDE. — Mais s'il s'engageait avec un autre, ma tante?

Mme PAVARET. — Je n'y donnerais pas mon consentement, ma nièce.

M. DE CLAIRVILLE. — Et s'il allait en avant?

Mme PAVARET. — Ma nièce n'aurait pas mon bien.

M. DE CLAIRVILLE. — Et j'en serais la cause! Ah! madame, j'en mourrais de douleur.

Mlle BATILDE. — Que m'importerait d'être riche si l'on me séparait de vous?

Mme PAVARET. — Votre père se tient tranquille à son ordinaire.

M. DE CLAIRVILLE. — Il m'a dit qu'il parlerait, mais il ne pressera rien : je n'ose parler moi-même et je ne sais pas si je ne viens pas de me donner un petit tort vis-à-vis de M. Duverdier.

Mlle BATILDE. — Comment donc?

M. DE CLAIRVILLE. — C'est que j'ai refusé de tirer des moineaux avec lui pour venir ici.

Mme PAVARET. — Il est donc sorti?

M. DE CLAIRVILLE. — Oui, il se promène le long des haies.

Mlle BATILDE. — Ah! voilà un monsieur que je ne connais pas. Ma tante, allons-nous-en.

Mme PAVARET. — Je le veux bien. Il est aussi en uniforme : il faut que ce soit un ami de votre père.

Mlle BATILDE. — Cela ne fait rien. Restez ici, monsieur de Clairville, pour savoir qui c'est.

M. DE CLAIRVILLE. — J'irai vous rejoindre tout de suite.

SCÈNE III

M. BÊTASSIER, M. DE CLAIRVILLE.

M. BÊTASSIER. — Ah! monsieur. je vous cherchais : on m'avait dit que vous étiez ici, et je vous ai reconnu d'abord quand je vous ai vu.

M. DE CLAIRVILLE. — Moi, monsieur?

M. BÊTASSIER. — Oui, vraiment : ce n'est pas que vous ne soyez bien rajeuni depuis dix ans que vous avez passé à Troyes, mais je sais bien pourquoi.

M. DE CLAIRVILLE. — Moi, rajeuni?

M. BÊTASSIER. — Oui vraiment, et cela ne me surprend pas, parce que mon père m'a dit que je verrais à Paris des choses bien extraordinaires.

M. DE CLAIRVILLE. — Celle-là, en effet, le serait un peu.

M. BÊTASSIER. — Moi, je ne le trouve pas tant, à vous dire vrai, parce que j'en ai vu bien des exemples.

M. DE CLAIRVILLE. — Des exemples?

M. BÊTASSIER. — Oui, des gens qui sont rajeunis, et cela est tout simple : quand on a toujours porté perruque, et que l'on reprend ses cheveux, cela fait **toujours** cet effet-là.

M. DE CLAIRVILLE. — C'est une réflexion que je n'avais pas faite.

M. BÊTASSIER. — Et puis il m'était impossible de ne pas vous reconnaître avec votre habit vert.

M. DE CLAIRVILLE. — Comment?

M. BÊTASSIER. — Oui, mon père m'a dit que vous lui aviez écrit que tout le monde serait en habit vert ici.

M. DE CLAIRVILLE. — C'est une raison.

M. BÊTASSIER. — Oui, une raison qui m'a retenu à Pa ris dans une auberge pendant quinze jours et cela m'a coûté bien cher.

M. DE CLAIRVILLE. — Il fallait venir sans cela.

M. BÊTASSIER. — Mon père me l'avait bien défendu, et le tailleur m'a fait attendre de jour en jour jusqu'aujour d'hui : tantôt c'était une noce, tantôt c'était un deuil, tantôt... Et puis il m'a fait mon habit trop large; et comme il avait pris trop de drap, à ce qu'il m'a dit, il m'a fait quatre culottes et un gilet pour l'hiver, et tout cela me coûte horriblement d'argent, qu'il a fallu payer, encore.

M. DE CLAIRVILLE. — Il me paraît que vous avez affaire à M. Duverdier?

M. BÊTASSIER. — Oui, monsieur, et une affaire qui doit me rapporter beaucoup d'argent : c'est ce qui me consolera de la dépense de mon habit vert.

M. DE CLAIRVILLE. — En ce cas, monsieur, je vous laisse, cela ne me regarde pas.

M. BÊTASSIER. — Quoi! vous n'êtes pas M. Duverdier?

M. DE CLAIRVILLE. — Non, monsieur.

M. BÊTASSIER. — Il est singulier que vous lui ressembliez autant.

M. DE CLAIRVILLE. — Tenez, je crois que je l'entends : je m'en vais. (Il sort.)

M. BÊTASSIER. — J'ai bien fait de n'en pas dire davantage : voilà ce que c'est que de savoir garder son secret. J'ai une grande obligation à mon père de m'avoir élevé à cela.

SCÈNE IV

M. GOBERGEAU, M. BÉTASSIER.

M. Gorergeau, à part. — Quelle diable de fantaisie d'aller tirer des moineaux ! On ne trouve personne ici pour jouer au billard. Mais quel est cet homme-là ? je ne l'ai jamais vu, je pourrais m'en amuser peut-être.

M. Bêtassier. — Vous me regardez beaucoup : je vois bien que vous me reconnaissez, monsieur.

M. Gobergeau. — Il est vrai que je ne vous trouve pas du tout changé.

M. Bêtassier. — C'est ce que mon père m'a dit : il prétend que j'ai autant d'esprit que quand j'étais petit, et vous vous en apercevrez bien, parce que vous n'aurez pas oublié tout ce que je vous ai dit, il y a dix ans, quand vous êtes venu voir mon père à Troyes.

M. Gobergeau. — Je m'en souviens bien et je trouve que vous avez presque autant d'esprit que lui.

M. Bêtassier. — Oh ! bien davantage, à ce que m'a dit ma mère. Enfin je suis bien aise de vous trouver, car j'ai pensé dire notre secret à un monsieur tout à l'heure que j'avais pris pour vous.

M. Gobergeau. — Et vous voyez bien à présent que vous ne vous trompez pas ?

M. Bêtassier. — Oh ! pour cela non, mais c'est qu'il avait un habit vert comme vous.

M. Gobergeau. — Il est vrai que cela change bien la physionomie : cependant moi je vous ai reconnu tout de suite.

M. Bêtassier. — C'est que vous avez une bonne mémoire.

M. Gobergeau. — Mais pas trop, car j'oublie toujours les noms

M. Bêtassier. — Vous ne vous souvenez pas du mien quand j'étais petit ?

M. Gobergeau. — J'ai une idée confuse...

M. Bêtassier. — Je l'ai pourtant porté jusqu'à quinze ans, et je m'appelais Coco.

M. Gobergeau. — Ah! Coco! cela est vrai!

M. Bêtassier. — Mais à présent je m'appelle M. Bêtassier.

M. Gobergeau. — Ah! monsieur Bêtassier, je suis bien votre très-humble serviteur.

M. Bêtassier. — Ah! monsieur Duverdier, ne me traitez donc pas comme cela avec tant de cérémonie.

M. Gobergeau. — Je vous rends ce que je vous dois.

M. Bêtassier. — Vous avez bien de la bonté : vous ne savez peut-être pas d'où vient ce nom?

M. Gobergeau. — Votre père a oublié de me le mander.

M. Bêtasser. — Il vient d'un clos que nous avons, où nous élevons du bétail, et le bétail chez nous est des moutons, comme vous savez.

M. Gobergeau. — Oui, oui, je sais cela.

M. Bêtassier. — De sorte qu'un clos renfermant le bétail, nous l'appellons bêtassier, et mon père m'a fait prendre ce nom, parce qu'en l'ajoutant à celui de président, cela sonne bien; voyez : M. le président Bêtassier.

M. Gobergeau. — Cela est fort beau!

M. Bêtassier. — Je crois que Mlle votre fille sera fort aise de s'appeler Mme la présidente Bêtassier?

M. Gobergeau. — Il n'en faudra pas davantage pour la décider à vous épouser; mais d'où êtes-vous président?

M. Bêtassier. — Du grenier à sel.

M. Gobergeau. — Je ne m'étonne pas si vous en mettez tant dans tout ce que vous dites.

M. Bêtassier. — Cela n'est pas difficile à penser, parce que : Dis-moi qui tu fréquentes, je te dirai qui tu es.

M. Gobergeau. — Il me paraît que vous avez de l'érudition.

M. Bêtassier. — Eh! mais, je le crois bien : est-ce que je n'ai pas été reçu tout d'un coup avocat à Bourges dès que je me suis présenté?

M. Gobergeau. — Vous n'avez donc pas eu besoin pour cela de vous mettre dans le fauteuil?

M. Bêtassier. — Non : on m'a dit qu'il y avait un de mes confrères qui l'occupait, qu'il faudrait attendre trop longtemps ; je m'en suis passé pour épargner mon argent.

M. Gobergeau. — Cela est fort sensé.

M. Bêtassier. — C'est qu'on ne l'a pas plus tôt dépensé qu'on ne l'a plus.

M. Gobergeau. — Fort bien dit.

M. Bêtassier. — A propos de cela, on dit que Mlle votre fille est une riche héritière, parce qu'elle a une tante qui est veuve et qui ne veut pas se remarier.

M. Gobergeau. — Oui, c'est un excellent parti.

M. Bêtassier. — Son bien ne diminuera pas avec moi.

M. Gobergeau. — Vous saurez donc le faire valoir?

M. Bêtassier. — C'est là mon grand talent : imaginez-vous que j'ai amassé tout l'argent qu'on me donnait pour mes menus plaisirs quand j'étais au collége.

M. Gobergeau. — C'est être bien habile.

M. Bêtassier. — Et depuis je n'ai rien prêté qu'on ne m'en ait rendu bien davantage.

M. Gobergeau. — C'est être généreux!

M. Bêtassier. — Sûrement, car il y a des gens qui ne prêtent jamais rien, afin qu'on ne le garde pas, de peur de le perdre.

M. Gobergeau. — Et vous aimez beaucoup l'argent?

M. Bêtassier. — Oh! comme tout! Oh! si vous mourez de bonne heure, vous verrez comme je régirai tout votre bien : allez, allez, tous vos petits-enfants seront bien riches.

M. Gobergeau. — Mais si la tante en question ne pense pas comme vous?

M. Bêtassier. — Cela ne m'inquiète pas : on m'a dit qu'elle avait bien de l'esprit.

M. Gobergeau. — Oui, mais elle est très-prodigue.

M. Bêtassier. — Oh! cela ne m'embarrasse pas, parce que je me mettrai à la tête de ses affaires, je la prendrai en pension chez moi et elle n'aura nulle dépense à faire; c'est même ce que mon père vous mande dans une lettre que je devrais déjà vous avoir donnée : attendez que je la cherche. (Il cherche dans sa poche.)

SCÈNE V

M. LANDIER, M. GOBERGEAU, M. BÊTASSIER.

M. Landier. — Que fais-tu donc ici, Gobergeau?

M. Bêtassier. — Monsieur s'appelle M. Gobergeau?

M. Landier. — Sûrement.

M. Gobergeau. — Le diable t'emporte!

M. Landier. — Allons, viens trouver ces dames qui t'attendent.

M. Gobergeau. — J'étais ici avec ton gendre.

M. Landier. — Mon gendre?

M. Gobergeau. — Oui, je te laisse avec lui.

M. Landier. — Je ne sais ce que tu veux dire.

(Il veut s'en aller.)

SCÈNE VI

M. LANDIER, M. BÊTASSIER.

M. Bêtassier, à part. — Il ne me reconnaît pas. (Haut.) Monsieur, un moment, je vous prie.

M. Landier. — Que me voulez-vous?

M. Bêtassier. — Quoi! monsieur, vous ne vous souvenez pas de m'avoir vu quelque part?

M. Landier. — Non, jamais.

M. Bêtassier. — Ce n'est pas votre faute.

M. Landier. — Je le crois bien.

M. Bêtassier. — C'est que je suis bien grandi, comme vous voyez.

M. Landier. — Cela peut être.

M. Bêtassier. — Et puis vous ne m'avez pas vu encore en habit vert.

M. Landier. — Allons, je n'ai rien à vous dire.

M. Bêtassier. — Pardonnez-moi, monsieur, quand vous me connaîtrez, vous verrez que nous avons de grandes affaires ensemble.

M. Landier. — Vous vous trompez.

M. Bêtassier. — Oh que non! si je me suis trompé deux fois, je ne me tromperai pas une troisième. Apprenez que je suis le président Bêtassier.

M. Landier. — Cela m'est fort égal.

M. Bêtassier. — C'est que vous ne savez pas mon nouveau nom.

M. Landier. — Je n'en ai que faire.

M. Bêtassier. — C'est moi qui m'appelais autrefois Coco : vous me remettez bien à présent.

M. Landier. — Point du tout, et je vous dis que j'ai affaire.

M. Bêtassier. — Si c'est dans votre jardin, je me promènerai avec vous.

SCÈNE VII

Mme PAVARET, M. GOBERGEAU, Mlle BATILDE.

M. Gobergeau. — Tenez, le voilà qui s'en va avec notre ami Landier.

Mme Pavaret. — Eh! pourquoi faire?

M. Gobergeau. — Je lui ai persuadé que Landier était son prétendu beau-père.

Mme Pavaret. — Mais c'est donc ce qu'on appelle absolument un sot?

M. Gobergeau. — Oh! je vous en réponds et le plus vilain avare qu'il soit possible de rencontrer.

Mme Pavaret. — Ce sera au moins une raison à opposer à mon frère.

M. Gobergeau. — J'ai imaginé un bon moyen pour nous en défaire, mais il ne faut pas perdre de temps.

Mme Pavaret. — Quel est ce moyen?

M. Gobergeau. — Vous saurez que les habits verts lui tournent la tête, et qu'il croit, dès qu'il en voit un, que c'est Duverdier : il m'a pris pour lui.

Mlle Batilde. — Il a cru aussi que M. de Clairville était mon père.

M. Gobergeau. — Où est-il Clairville?

Mᵐᵉ PAVARET. — Il est allé chercher M. Landier pour l'engager à parler fortement à mon frère : il voudrait bien que vous voulussiez aussi l'appuyer.

M. GOBERGEAU. — Nous n'aurons pas besoin de cela.

Mᵐᵉ PAVARET. — Que prétendez-vous faire ?

M. GOBERGEAU. — Qu'il me prenne encore pour Duverdier et je lui parlerai d'un ton...

Mˡˡᵉ BATILDE. — Mais il vous reconnaîtra.

M. GOBERGEAU. — Non, non, laissez-moi faire : songez donc que l'uniforme aide toujours à le tromper.

Mᵐᵉ PAVARET. — S'il était au moins bon à cela, je ne le désapprouverais plus.

M. GOBERGEAU. — Ah ! voilà La Brie.

SCÈNE VIII

Mᵐᵉ PAVARET, M. GOBERGEAU,
Mˡˡᵉ BATILDE, LA BRIE, une perruque à la main.

M. GOBERGEAU. — Est-ce bien là une perruque de Duverdier ?

LA BRIE. — Oui, monsieur, c'est Saint-Jean qui me l'a donnée.

M. GOBERGEAU. — Allons, cela est bon : mon chapeau bordé.

LA BRIE. — Le voilà.

M. GOBERGEAU. — Et mon fusil ?

LA BRIE. — Je l'ai apporté aussi. Tenez, il n'est pas chargé.

M. GOBERGEAU. — Cela est fort bien. N'as-tu pas vu un monsieur en habit vert que tu ne connais pas ?

LA BRIE. — Oui, monsieur, il revient par ici : il m'a appelé, mais je ne lui ai pas répondu.

M. GOBERGEAU. — Tu as bien fait : va-t'en lui dire que M. Duverdier l'attend ici.

LA BRIE. — Cela suffit.   (Il sort.)

M. GOBERGEAU. — Et vous, mesdames, allez-vous-en : j'irai vous dire si j'ai réussi.

Mᵐᵉ PAVARET. — Ne tardez pas.

M. GOBERGEAU.—J'irai dès que j'aurai rempli mon objet.

Mme PAVARET. — Et moi je vais chercher un autre moyen, en cas que vous ne réussissiez pas.

M. GOBERGEAU. — Allez-vous-en, car j'entends quelqu'un.

Mme PAVARET. — Allons, venez, ma nièce.

SCÈNE IX

M. BÉTASSIER, M. GOBERGEAU, LA BRIE.

LA BRIE. — Tenez, monsieur, le voilà M. Duverdier.

M. BÉTASSIER. — Ah! monsieur, j'ai eu bien de la peine à vous trouver.

M. GOBERGEAU. — C'est que j'étais allé à la chasse. Comment se porte votre père?

M. BÉTASSIER. — Fort bien, monsieur Gobergeau : il vous fait bien ses compliments.

M. GOBERGEAU. — Pourquoi donc m'appelez-vous M. Gobergeau?

M. BÉTASSIER. — Ah! je vous demande pardon, mais c'est que j'ai parlé tout à l'heure à un monsieur qui s'appelait comme cela et qui vous ressemble beaucoup, mais beaucoup.

M. GOBERGEAU. — Cela n'est pas étonnant, il est mon frère de lait.

M. BÉTASSIER. — Les frères de lait se ressemblent donc dans ce pays-ci?

M. GOBERGEAU. — Comme les jumeaux.

M. BÉTASSIER. — Ah! c'est la même chose?

M. GOBERGEAU. — Sans doute : je suis bien aise que vous ayez fait faire mon uniforme, je l'avais mandé à votre père.

M. BÉTASSIER. — Il me l'avait bien recommandé, et cela m'a coûté bien cher.

M. GOBERGEAU. — Cela ne fait rien : l'argent est fait pour s'en servir.

M BÉTASSIER. — Oui, mais plus on peut le garder et mieux l'on fait.

M. Gobergeau. — Fi donc! Est-ce que vous seriez un avare?

M. Bêtassier. — Point du tout.

M. Gobergeau. — A la bonne heure, car vous ne conviendriez pas à ma fille : mais je lui recommanderai de vous former; en tout cas vous êtes fort riche : en vous alliant avec moi, vous le serez encore davantage.

M. Bêtassier. — Cela est bien bon.

M. Gobergeau. — Ainsi il faudra vous faire honneur de votre bien.

M. Bêtassier. — C'est aussi ce que je ferai.

M. Gobergeau. — Vous aurez bonne chère chez vous, sans doute?

M. Bêtassier. — Oui, en moutons surtout, parce que nous en avons beaucoup : aussi nous aurons un gigot tous les jours où nous aurons du monde, et les autres jours des épaules, et tout cela bien rôti.

M. Gobergeau. — C'est l'affaire du ménage, ma fille arrangera tout cela mieux que vous. Ah! çà, dites-moi, lui avez-vous acheté un carrosse bien commode?

M. Bêtassier. — Non vraiment : je compte que nous nous en irons par la diligence où je retiendrai deux places quand nous serons près de partir.

M. Gobergeau. — Qu'est-ce que cela veut dire, monsieur? Vous croyez que je souffrirai que ma fille, quand elle sera Mme la présidente Bêtassier, arrive à Troyes dans une diligence publique?

M. Bêtassier. — Mais écoutez donc, monsieur Duverdier.

M. Gobergeau. — Non, monsieur Bêtassier, je veux que ma fille fasse la route en poste et avec beaucoup de monde.

M. Bêtassier. — Mais la diligence va en poste et avec beaucoup de monde : il n'y a pas à craindre des voleurs.

M. Gobergeau. — Ce n'est pas les voleurs que je crains pour ma fille, elle ne les craint point non plus; d'ailleurs les gens riches sont faits pour être volés : ils le sont toujours, il faut s'accoutumer à cela.

M. Bêtassier. — Mais je ne l'ai jamais été.

M. GOBERGEAU. — C'est que vous n'avez pas encore eu une maison à vous.

M. BÊTASSIER. — J'espère que j'empêcherai bien qu'on ne me vole.

M. GOBERGEAU. — Fi donc! président, vous avez l'âme crasse. Ma fille aura donc une très-bonne voiture à quatre places, tirée par quatre chevaux et par-dessus tout cela une vache.

M. BÊTASSIER. — Ah! je vois bien à présent que vous vous moquez de moi.

M. GOBERGEAU. — Non, parbleu! ce sont mes intentions et celles de sa tante.

M. BÊTASSIER. — Mais, monsieur, on n'attelle pas une vache avec des chevaux, cela serait vilain.

M. GOBERGEAU. — Ignorant! vous ne savez donc pas ce que c'est qu'une vache?

M. BÊTASSIER. — Ah! ah! ah! je ne sais pas ce que c'est qu'une vache, moi? un président au grenier à sel encore. (Il rit.)

M. GOBERGEAU. — Oui, oui, riez : une vache se met sur l'impériale de la voiture.

M. BÊTASSIER. — Elle doit l'assommer.

M. GOBERGEAU. — Non, car c'est un panier dans lequel on met des robes, des bonnets et toutes les choses dont une femme a besoin.

M. BÊTASSIER. — Je ne comprendrai jamais cela.

M. GOBERGEAU. — Je le crois bien.

M. BÊTASSIER. — D'ailleurs, je n'ai pas besoin de nourrir quatre chevaux et une vache quand je serai arrivé à Troyes.

M. GOBERGEAU. — Il le faudra pourtant.

M. BÊTASSIER. — Ni d'avoir une voiture à quatre places quand nous ne serons que deux, car moi je ne veux jamais mener personne.

M. GOBERGEAU. — Et qui mènera les deux femmes de chambre de la présidente?

M. BÊTASSIER. — Elle n'en aura pas.

M. GOBERGEAU. — Elle n'en aura pas! ma fille n'aura pas de femme de chambre!

M. Bêtassier. — Non, parce que nous avons un peruquier à Troyes qui coiffe toutes les femmes de la ille : elle le prendra.

M. Gobergeau. — Elle ne le prendra pas ni vous non lus, car vous n'épouserez jamais ma fille.

M. Bêtassier. — Mais écoutez donc, monsieur Duverier.

M. Gobergeau. — Et j'écrirai à votre père que vous tes un vilain, un avare.

M. Bêtassier. — Mais si Mlle votre fille voulait de 1oi?

M. Gobergeau. — Elle n'est pas capable de penser omme vous.

M. Bêtassier. — Que je lui parle seulement.

M. Gobergeau. — Je ne le souffrirai pas, et dès ce 1oment tout est rompu.

M. Bêtassier. — Monsieur, que je vous dise un mot.

M. Gobergeau. — Non, je n'écoute plus rien et je ous prie de sortir de chez moi, et dans l'instant.

M. Bêtassier. — Vous me chassez?

M. Gobergeau. — Ah! je vous en réponds. Allons, ortez.

M. Bêtassier. — Monsieur, savez-vous que j'ai du œur?

M. Gobergeau. — Qu'est-ce que vous ferez?

M. Bêtassier. — Je m'en irai et je n'épouserai point otre fille.

M. Gobergeau. — C'est tout ce que je demande.

SCÈNE X

M. DE CLAIRVILLE, M. BÊTASSIER, M. GOBERGEAU.

M. de Clairville. — Monsieur Gobergeau, ces dames ous prient de venir promptement, mon père est avec lles.

M. Gobergeau, bas. — La peste t'étrangle!

M. Bêtassier. — Quoi! c'est là M. Gobergeau?

M. DE CLAIRVILLE. — Monsieur, c'est lui-même, un des amis de M. Duverdier.

M. GOBERGEAU, bas à M. de Clairville. — Bourreau, que faites-vous?

M. DE CLAIRVILLE. — Moi?

M. GOBERGEAU, bas. — Oui, vous : allons, allons-nous-en, je vous dirai cela.

SCÈNE XI

M. BÊTASSIER.

M. BÊTASSIER. — Ah! ah! ce n'était pas là M. Duverdier!... Aussi je ne m'y étais pas trompé d'abord ; je vois bien à présent qu'il faut toujours suivre son premier mouvement ; si je l'eusse cru pourtant, je serais parti et je serais revenu à Troyes sans l'avoir vu. Et mon père, qu'est-ce qu'il aurait dit?... Mais j'entends quelqu'un, il faut que je prenne bien garde à moi.

SCÈNE XII

M. DUVERDIER, M. BÊTASSIER.

M. DUVERDIER, un fusil à la main et un chapeau sur la tête. — Mais voyez un peu ce vilain garde! vouloir m'empêcher de tirer des moineaux ; encore je n'ai jamais pu trouver les deux que j'ai tués en trois heures de temps. Ah! je ne crains pas son procès-verbal.

M. BÊTASSIER. — C'est encore M. Gobergeau.

M. DUVERDIER. — Serait-ce vous, monsieur Bêtassier.

M. BÊTASSIER. — Eh! vous le savez bien, mais je ne vous crains pas comme vous voyez.

M. DUVERDIER. — Comment! vous ne me craignez pas?

M. BÊTASSIER. — Non, et je ne m'en irai pas que je n'aie parlé à M. Duverdier.

M. DUVERDIER. — Eh bien! c'est moi qui suis M. Duverdier.

M. Bêtassier. — Ah! on ne m'attrape pas comme cela trois fois : je ne vous parlerai seulement pas.

M. Duverdier. — Vous ne me parlerez pas?

M. Bêtassier. — Non, non, je vais attendre M. Duverdier dans le jardin.

M. Duverdier. — Mais je vous dis encore une fois que c'est moi.

M. Bêtassier. — Bon, bon : c'est pour me chasser encore que vous voulez me faire rester.

M. Duverdier. — Je vous ai chassé, moi?

M. Bêtassier. — Mais sûrement.

M. Duverdier. — Mais regardez-moi bien.

M. Bêtassier. — Oui, pour voir encore M. Gobergeau.

M. Duverdier. — Vous êtes bien obstiné?

M. Bêtassier. — Mais vous l'êtes plus que moi, puisque vous voulez toujours me faire croire que vous êtes M. Duverdier.

M. Duverdier. — Est-ce qu'on peut s'y tromper?

M. Bêtassier. — Pardi, je vous le demande avec tous ces diables d'habits verts.

M. Duverdier. — Ah! vous les désapprouvez?

M. Bêtassier. — Et j'ai raison.

M. Duverdier. — Vous avez raison? Mais approchez-vous donc et regardez-moi.

M. Bêtassier, regardant. — Ah!

M. Duverdier. — Quoi?

M. Bêtassier. — Il est vrai : il me semble à présent que vous n'êtes pas M. Gobergeau. Ah! çà, dites vrai : êtes-vous bien M. Duverdier? là, ne me trompez pas.

M. Duverdier. — Et pourquoi diable voulez-vous que je vous trompe?

M. Bêtassier. — C'est que vous m'avez déjà trompé plusieurs fois.

M. Duverdier. — Moi?

M. Bêtassier. — Vous... ou M. Gobergeau.

M. Duverdier. — M. Gobergeau aime à plaisanter et il se sera amusé...

M. Bêtassier. — A se moquer de moi?

M. Duverdier. — Mais oui.

M. Bêtassier. — Écoutez donc, je pense à présent que cela pourrait bien être.

M. Duverdier. — Dites-moi d'abord pourquoi vous désapprouvez mon uniforme.

M. Bêtassier. — Je n'ai point désapprouvé votre uniforme, je ne sais pas ce que c'est.

M. Duverdier. — Ce sont les habits verts que nous portons ici.

M. Bêtassier. — Dame, premièrement, c'est qu'ils sont bien chers.

M. Duverdier. — Ah! vous êtes donc un avare?

M. Bêtassier. — Vous voyez bien que vous êtes M. Gobergeau, car il m'a déjà dit cela.

M. Duverdier. — C'est-à-dire qu'il vous connaît.

M. Bêtassier. — Non, monsieur, car je ne suis pas un avare.

M. Duverdier. — Qu'est-ce donc que vous êtes?

M. Bêtassier. — Je suis économe.

M. Duverdier. — Ce n'est pas trop le vice du temps, mais j'aime mieux cela que de faire des dettes en dépensant plus que son revenu, comme font actuellement bien des gens dans ce pays-ci.

M. Bêtassier. — Oh! je ne ferai sûrement pas comme cela.

M. Duverdier. — Voilà ce que m'a mandé plusieurs fois votre père.

M. Bêtassier. — Vous connaissez donc son écriture?

M. Duverdier. — Mais sûrement.

M. Bêtassier, montrant la lettre. — Tenez, voyez un peu celle de cette lettre, de qui est-elle?

M. Duverdier. — De votre père.

M. Bêtassier, donnant la lettre. — Ah! vous êtes donc le vrai M. Duverdier : j'en suis bien sûr à présent, je suis bien votre très-humble serviteur.

M. Duverdier lisant. — Il m'avait déjà mandé tout cela. Ah! il vous avait recommandé de vous faire faire un habit vert?

M. Bêtassier. — Oui, vraiment, et je vous ai dit combien j'en avais été fâché.

M. Duverdier. — Sûrement, ma sœur assurera tout son bien à ma fille lorsque vous l'épouserez.

M. Bêtassier, se frottant les mains. — Cela fera une bonne affaire !

M. Duverdier. — Vous paraissez bien aimer l'argent.

M. Bêtassier. — Pas mal.

M. Duverdier. — C'est votre affaire : je vais vous mener chez ma sœur, et vous y verrez ma fille.

M. Bêtassier. — Cela me fera grand plaisir.

M. Duverdier. — Vous serez donc bien aise de vous marier ?

M. Bêtassier. — Oui, monsieur, avec Mlle votre fille.

M. Duverdier. — Peut-être qu'elle ne paraîtra pas vous aimer beaucoup d'abord.

M. Bêtassier. — Oh ! cela ne fait rien.

M. Duverdier. — Mais par la suite cela viendra.

M. Bêtassier. — Ou cela ne viendra pas, mais je serai son mari toujours.

M. Duverdier. — C'est donc là tout ce que vous voulez ?

M. Bêtassier. — Oui, avec le reste.

M. Duverdier. — Ah ! ah ! vous êtes un petit malin.

M. Bêtassier. — Oh ! point du tout, je veux dire avec le bien qu'elle m'apportera.

M. Duverdier. — Mais fi donc ! il ne faut pas dire cela.

M. Bêtassier. — Oh ! pardonnez-moi, puisque je le pense.

M. Duverdier. — Je vois du moins que vous êtes franc.

M. Bêtassier. — Oui, monsieur, c'est ce que je suis.

M. Duverdier. — Allons ! venez, venez.

SCÈNE XIII

Mᵐᵉ PAVARET, Mˡˡᵉ BATILDE, M. DUVERDIER, M. GOBERGEAU, M. LANDIER, M. BÊTASSIER, M. DE CLAIRVILLE.

Mᵐᵉ PAVARET. — Mon frère, je viens vous faire part d'une résolution que j'ai prise.

M. DUVERDIER. — Et moi, ma sœur, je viens vous présenter M. Bêtassier, qui sera mon gendre.

Mᵐᵉ PAVARET. — Ah ! c'est monsieur ?

M. BÊTASSIER. — Oui, madame, c'est moi qui aurai l'honneur...

M. DUVERDIER. — Ma fille, saluez monsieur.

M. BÊTASSIER. — Ah ! mademoiselle, ce n'est pas la peine de vous déranger.

M. DUVERDIER. — Ma sœur, notre contrat sera bientôt fait, parce que nous sommes d'accord de tout.

M. BÊTASSIER. — Oui, nous sommes d'accord, et madame doit être sûre que son bien sera en très-bonnes mains.

Mᵐᵉ PAVARET. — Qu'est-ce qu'il dit donc, M. Bêtassier ?

M. BÊTASSIER. — Oh ! vous savez bien, madame.

Mᵐᵉ PAVARET. — Je ne comprends pas.

M. GOBERGEAU. — C'est qu'il est fort gai, à ce qu'il paraît, M. Bêtassier.

M. BÊTASSIER. — Oui, monsieur, c'est là mon défaut.

M. GOBERGEAU. — Cependant on n'a pas toujours envie de rire.

M. BÊTASSIER. — Oh ! moi, quand je me marie, tout m'est égal.

Mᵐᵉ PAVARET. — A propos de mariage, mon frère, nous pourrons faire nos deux noces le même jour.

M. DUVERDIER. — Comment, nos deux noces ?

Mᵐᵉ PAVARET. — Oui, celle de ma nièce et la mienne.

M. DUVERDIER. — Vous vous mariez ?

Mᵐᵉ PAVARET. — Oui : puisque vous ne voulez pas

donner votre fille à M. de Clairville qu'elle aime, je je l'épouse et je lui donne tout mon bien.

M. DUVERDIER. — Et vous y consentez, vous, monsieur Landier ?

M. LANDIER. — C'est leur affaire, pourquoi m'y opposerais-je ?

M. GOBERGEAU. — Il a raison : tout le monde est ici d'accord.

M. DUVERDIER. — En ce cas, monsieur Bêtassier, vous êtes trop heureux.

M. BÊTASSIER. — Comment! trop heureux?

M. DUVERDIER. — Oui, je craignais que ma sœur, qui protégeait M. de Clairville, ne s'opposât à votre mariage avec ma fille et par ce moyen elle n'y met plus d'obstacle.

M. BÊTASSIER. — Cependant, moi, j'y en trouve un.

M. DUVERDIER. — Vous êtes sans doute plus éclairé que nous.

M. BÊTASSIER. — Mais cela pourrait bien être, car vous ne voyez pas que si madame donne son bien à monsieur en l'épousant, mademoiselle n'aura ni le monsieur ni le bien.

M. DUVERDIER. — Il est vrai, mais elle vous aura.

M. BÊTASSIER. — Oui, elle m'aurait, si madame lui donnait son bien.

Mme PAVARET. — Si je lui donne mon bien, ce sera à condition que M. de Clairville l'épousera.

M. BÊTASSIER. — Ah! dans ce cas-là vous le lui donneriez?

Mme PAVARET. — Sûrement.

M. BÊTASSIER. — Mais vous n'aviez donc pas besoin le moi?

Mme PAVARET. — Non, monsieur.

M. DUVERDIER. — Mais, ma sœur...

Mme PAVARET. — Voyez le parti que vous avez à prendre.

M. DUVERDIER. — Vous voulez que ma fille épouse absolument de Clairville?

Mme PAVARET. — Oui, mon frère.

M. DUVERDIER. — Et vous, monsieur?

M. BÊTASSIER. — Ce sera comme il vous plaira

M. DUVERDIER. — Vous êtes bien honnête. En ce cas, j'y consens de tout mon cœur.

M{}^{lle} BATILDE. — Ah! ma tante, que je vous ai d'obligation!

M{}^{me} PAVARET. — Soyez heureux, mes enfants et je serai trop contente.

M. BÊTASSIER. — Je ne vois pas pourquoi mon père m'a fait venir ici pour être témoin de tout cela, moi.

M. GOBERGEAU. — Eh! n'êtes-vous pas trop heureux de remporter l'uniforme de M. Duverdier à Troyes?

M. BÊTASSIER. — Je voudrais ne l'avoir jamais vu ni porté de ma vie et je repars tout de suite. (Il sort.)

M. GOBERGEAU. — Par la diligence, sans doute?

M. DUVERDIER. — Laissons-le aller, je suis seulement fâché que ce soit un uniforme de moins que je verrai dans ma maison.

Le fort emporte le faible.

FIN

LA TRICHERIE
RETOURNE A SON MAITRE

~~~~~~~~~~~~~~~~~~~~~~~~~~~~~~~~~

PERSONNAGES

LE BARON DE VAR-SANGE.
LA BARONNE.
LE PRÉSIDENT.

RUINEAU, procureur.
DES BAUDIÈRES, avocat, fils de Ruineau.

(La scène est dans une ville de parlement, chez le baron. Le théâtre représente une chambre basse de la maison de ce dernier.)

═══════════════════════════

SCÈNE I

LE BARON, RUINEAU.

(Le baron est occupé à écrire ; Ruineau entre tenant un sac de procès.

RUINEAU. — Monsieur le baron, je suis votre humble serviteur.

LE BARON. — Ah ! bonjour, monsieur Ruineau : eh bien ! quelles nouvelles ?

RUINEAU. — J'en ai une désagréable à vous apprendre.

LE BARON. — Et quoi ?

RUINEAU. — Je ne puis continuer de me charger de votre affaire.

LE BARON. — Comment donc ?

RUINEAU. — Non, monsieur, j'en suis au désespoir. (Mettant le sac sur la table.) Voilà vos papiers que je vous remets : vous allez me payer ce qui m'est dû.

LE BARON, vivement. — Mais je ne vous comprends pas, monsieur Ruineau.

RUINEAU, froidement. — Monsieur, je suis fâché de ce contre-temps, mais je ne puis pas faire autrement.

LE BARON. — Ah! bon Dieu! voici de belles affaires : à la veille d'être jugé! Mais quelles raisons avez-vous?

RUINEAU, d'un air froid et mécontent. — J'en ai mille, monsieur : premièrement, plus votre affaire s'avance, plus je m'aperçois de certaines choses, là... qui...

LE BARON. — Est-ce que je n'ai pas bon droit?

RUINEAU. — Je ne dis pas cela : mais vous avez pour adversaire un homme... que... pour bien des raisons... je dois ménager...; enfin je ne puis décemment faire plaider contre lui.

LE BARON. — C'est un badinage, monsieur : vous connaissiez ma partie dès le commencement de mon affaire, vous ne m'avez jamais parlé de ces considérations-là.

RUINEAU. — Il est vrai, monsieur le baron, mon attachement pour vos intérêts m'a fait passer sur bien des choses; mais, tout considéré, j'ai vu qu'il ne me convenait point, qu'il était même dangereux... Et tenez, une autre raison à laquelle je ne pensais pas : je suis vieux, incapable d'application, votre affaire est délicate, et, ma foi, je crois que vous ne pouvez mieux faire que de voir là-dessus un de mes jeunes confrères.

LE BARON, impatienté. — Eh! monsieur; ce sont de purs prétextes. Quoi! vous m'abandonnez sérieusement?

RUINEAU. — Oui, monsieur, très-sérieusement.

LE BARON. — Ah! mon Dieu! je suis un homme ruiné.

RUINEAU. — Vous avez tort, monsieur, prenez vos pièces. Payez-moi mes frais qui montent à six mille sept cent dix-huit livres quatre sous neuf deniers, ainsi que vous le verrez par le mémoire que j'ai joint. Vous trouverez facilement quelqu'un qui achèvera ce que j'ai commencé.

LE BARON, d'un air suppliant. — Mon cher monsieur Ruineau, je n'ai de confiance qu'en vous : je suis perdu si vous m'abandonnez.

RUINEAU, froid et d'un air avantageux. — Point du tout, monsieur le baron : vous trouverez partout le même zèle, la même diligence, car je puis me flatter de n'avoir rien à me reprocher là-dessus.

LE BARON, toujours plus suppliant. — Eh! non, monsieur,

eh! non. Au contraire, ma désolation vous prouve combien je compte sur votre zèle : vous voyez en moi un père de famille, un malheureux gentilhomme dont vous tenez entre vos mains la fortune et la vie; laissez-vous toucher de mon état. Je vois que l'on m'a noirci dans votre esprit : mon adversaire, qui n'oublie rien pour me perdre, a craint les effets de votre attachement pour moi et a voulu les prévenir en me desservant auprès de vous. Ah! ciel! que je suis malheureux!

RUINEAU. — Eh! monsieur le baron, que faites-vous? Allons donc, vous n'y pensez pas. Laissez; il ne s'agit que de certains arrangements... Attendez, je ne veux pas qu'on nous interrompe.

(Il va fermer soigneusement la porte.)

LE BARON, à part. — Que va-t-il me dire? Je suis à sa discrétion. (Haut.) Monsieur, faites de moi ce que vous voudrez.

RUINEAU, d'un ton plus familier, qu'il continue ainsi jusqu'à la fin de la scène. — Ah! çà, puisque vous voulez que je vous explique naturellement le sujet de notre petite brouillerie, je m'en vais vous le dire, car au fond je vous suis attaché plus qu'on ne saurait croire (riant), et si vous le vouliez même vos intérêts seraient bientôt les miens.

LE BARON. — Et comment cela?

RUINEAU. — C'est ce que je vous dirai quand je vous aurai parlé du sujet de mon mécontentement. Vous êtes droit, bon, franc, vous, monsieur le baron, mais il n'est pas de même de Mme la baronne.

LE BARON. — Auriez-vous sujet de vous plaindre d'elle, monsieur?

RUINEAU. — Non pas moi directement, monsieur le baron; cependant c'est comme si c'était moi dans un certain sens, car c'est ma femme.

LE BARON. — Vous me surprenez.

RUINEAU. — Comment! monsieur : rien n'égale l'air haut et dédaigneux avec lequel elle l'a reçue, elle l'a traitée avec un mépris...

LE BARON. — Je vais de surprises en surprises, monsieur Ruineau. Je connais ma femme : elle a un peu

l'orgueil de son rang, mais elle a toujours eu pour
Mme Ruineau l'estime, la distinction qu'elle mérite.

RUINEAU. — Oh! monsieur, vous nous faites trop d'honneur. (Souriant d'un air aisé.) Il est vrai qu'elle lui fit certaines propositions qui ne doivent être agitées qu'entre
nous, mais ce n'est pas ma faute : je le lui avais défendu,
et ces femmes sont si indiscrètes.

LE BARON. — Et quelles sont ces propositions?

RUINEAU. — Je vais vous le dire : vous connaissez
mon fils, Ruineau des Baudières.

LE BARON. — Parfaitement.

RUINEAU. — Qu'en pensez-vous?

LE BARON. — Je le trouve fort bien.

RUINEAU. — Il n'est pas mal bâti ce grand garçon-là,
n'est-ce pas?

LE BARON. — Mais non.

RUINEAU. — Et de son esprit, qu'en dites-vous?

LE BARON. — Je lui ai peu parlé; cependant, pour le
peu de temps que j'ai conversé avec lui, je n'en ai point
été mécontent.

RUINEAU. — Comment! savez-vous que cela fait un
sujet?

LE BARON. — Je le crois bien.

RUINEAU. — Cela ne vous a pas de ces bluettes d'esprit
qui ne plaisent qu'aux sots, de ces talents superficiels
qui n'amusent que les gens désœuvrés : il est tout solide
ce garçon-là ; je l'ai formé à ma main.

LE BARON. — Je m'en rapporte bien à vous.

RUINEAU. — Il entend les affaires aussi bien que moi,
et tenez, c'est lui qui jusqu'à présent a suivi la vôtre.

LE BARON. — C'est un homme essentiel.

RUINEAU. — Peste! je vous en réponds. Je n'ai rien
négligé pour l'éducation de cet enfant-là, monsieur le
baron : je l'ai fait recevoir avocat à Bourges.

LE BARON. — C'est bien fait : il va exercer sans doute.

RUINEAU. — Fi donc! vous vous moquez, j'ai bien d'autres vues sur lui. J'ai jeté les yeux sur certaine charge
d'auditeur... J'ai cinquante mille écus pour venir à bout
de ce projet-là, monsieur le baron.

Le Baron. — Vous agissez en bon père.

Ruineau. — Ce n'est pas le tout : je songe à le bien établir.

Le Baron. — Oh! sans doute.

Ruineau. — Un auditeur riche de cinquante mille écus ne sera pas un parti à rejeter.

Le Baron. — Non sûrement.

Ruineau. — Ne l'aura pas qui voudrait bien l'avoir.

Le Baron. — Je le crois bien.

Ruineau. — Je veux qu'il ait une femme qui lui donne aussi du bien.

Le Baron. — Vous avez raison.

Ruineau. — Je veux, en outre, qu'elle soit d'une naissance, là... capable de lui donner du lustre.

Le Baron. — C'est bien pensé.

Ruineau. — Non pas qu'un fils de procureur ait besoin plus qu'un autre d'un certain lustre, et tenez, pour ce qui est de familles bourgeoises, il est fait lui-même pour en donner à d'autres, mais je veux dire que je ne veux point d'une bourgeoise pour ma bru.

Le Baron, ici, devient pensif. — Diantre!

Ruineau. — Qu'en pensez-vous?

Le Baron, négligemment. — Mais je dis que vous pensez en bon père de famille, qui ne cherche que l'avancement de ses enfants.

Ruineau, l'examinant attentivement. — Mais encore : croyez-vous que ces vues-là soient trop élevées... Ne pensez-vous pas que la fortune et le mérite du jeune homme le mettent au pair de la personne que je lui destine?

Le Baron. — Je n'en disconviens pas.

Ruineau, lui frappant familièrement sur la main. — Parbleu! vous me ravissez : je suis charmé que vous approuviez mes projets.

Le Baron, inquiet. — Pourquoi cela?

Ruineau. — C'est qu'à ce moyen leur réussite est sûre.

Le Baron. — Je ne comprends pas.

Ruineau. — Je vais vous l'expliquer en deux mots : j'ai jeté les yeux sur Mlle votre fille pour mon fils.

Le Baron, avec la dernière surprise. — Sur...

Ruineau, d'un ton haut et sec. — Sur Mlle votre fille : est-ce que vous ne m'entendez pas?

Le Baron. — Si, parfaitement : sur ma fille Angélique?

Ruineau. — Belle demande! vous n'avez que celle-là.

Le Baron. — Vous avez raison, je vous demande pardon.

Ruineau. — Vous comprenez bien présentement. Eh bien! j'en fais la demande et je me flatte que vous ne me refuserez pas.

Le Baron. — Vous me demandez ma fille pour votre fils?

Ruineau. — Justement, et après ce que vous venez de me dire, je ne crois pas que vous balanciez...

Le Baron. — En mariage?

Ruineau, riant. — Sans doute! mais qu'avez-vous donc? Est-ce que la tête vous tourne? Vous n'êtes pas à ce que vous me dites.

Le Baron. — Oh! pardonnez-moi.

Ruineau. — Vous avez peut-être quelque répugnance?

Le Baron. — Je ne dis pas cela.

Ruineau. — Pour peu que cela vous contrarie...

Le Baron. — Eh! non, monsieur. Ce n'est que votre propre intérêt que j'ai en vue : ne m'avez-vous pas dit que vous vouliez une bru riche?

Ruineau. — Oui.

Le Baron. — Eh bien! la mienne n'a qu'un fonds d'espérance très-incertain.

Ruineau. — Laissez-moi faire, monsieur le baron, laissez-moi faire. Je me charge après le procès de régler moi-même sa dot : elle ne sera pas moindre que celle de mon fils, et outre cela je veux que vous ayez une pension fort honnête, vous et Mme la baronne.

Le Baron. — Mais si je perds mon procès.

Ruineau. — N'ayez point d'inquiétude.

Le Baron. — Mais encore.

Ruineau. — Quel homme! Eh bien! dans ce cas-là, mon fils la prend sans dot: êtes-vous content?

Le Baron. — Mon cher monsieur Ruineau, je suis en vérité confus de toutes vos bontés.

Ruineau. — Oh! je suis comme cela, moi.

Le Baron. — Tenez, s'il ne s'agissait que de moi, je vous estime, vous le savez. J'ai pour votre fils une véritable affection : je conçois combien sa fortune et son mérite doivent faire oublier quelques prérogatives de naissance; mais...

Ruineau. — Eh bien! mais.

Le Baron. — Je crains que ma femme qui, comme vous le savez, est singulièrement entêtée de sa noblesse, qui compte parmi ses parents et ses alliés des personnes de la première distinction, et qui, entre nous, n'a pas voulu m'épouser que je ne lui aie prouvé seize quartiers...; je crains bien que pour toutes choses elle ne veuille pas consentir.

Ruineau. — Est-ce là votre dernier mot?

Le Baron. — Ce n'est pas moi, comme vous le voyez, mais...

Ruineau. — J'entends : voilà vos papiers; payez-moi.

Le Baron. — Mais...

Ruineau. — Mais, mais, vous m'avez dit votre dernier mot et voilà le mien.

Le Baron. — Eh quoi!

Ruineau. — Point de contrainte avec moi : vous ne voulez pas donner votre fille à mon fils, n'en parlons plus, mais je ne veux plus plaider pour vous. Mes volontés sont libres aussi bien que les vôtres.

Le Baron. — Vous ne considérez pas que ce n'est pas moi.

Ruineau. — Vaine défaite, monsieur le baron : je vous avertis qu'il me faut de l'argent, car j'ai tout avancé dans votre affaire.

Le Baron. — Mais vous savez bien vous-même que je ne puis vous en donner actuellement.

Ruineau. — J'en suis fâché, mais je marie mon fils, j'en ai besoin. (Feignant de s'en aller.) Allons, finissons.

Le Baron. — Monsieur Ruineau, je me rends.

Ruineau. — Ma foi, je suis ravi de vous voir prendre le bon parti. (Tirant un papier.) Voici un petit papier que vous ne refuserez pas de me signer.

Le Baron. — Eh! mais...

RUINEAU. — Eh bien! que dites-vous?

LE BARON, après avoir lu. — Un dédit! Eh! mais la somme est considérable, monsieur Ruineau.

RUINEAU. — Qu'importe? ne comptez-vous pas me tenir parole?

LE BARON. — Si vous me donniez quelque temps de réflexion.

RUINEAU. — Cela ne se peut pas, monsieur le baron. Point de contrainte : voulez-vous ou ne voulez-vous pas, mais il me faut mes sûretés.

LE BARON. — Allons donc. (Il signe.)

RUINEAU prend le dédit. — Bon! je prends vos intérêts à cœur, comme vous le savez; il est bien juste...

LE BARON. — C'est assez, monsieur Ruineau. Vous allez donc vous occuper uniquement de mon affaire.

RUINEAU, se levant. — Allez, reposez-vous sur moi.

LE BARON. — Mais qu'augurez-vous de la réussite?

RUINEAU. — Allez, soyez tranquille : c'est une affaire gagnée, ou autant vaut; je vous quitte et reviens dans un instant. J'espère qu'avant la fin du jour nous serons contents tous les deux. (Il sort.)

SCÈNE II

LE BARON.

Je fais aujourd'hui de belles affaires. Que je suis malheureux! il faut que je sacrifie mon état, mon rang, ma noblesse à la fortune... Que dira-t-on de moi lorsqu'on apprendra cette belle alliance?

SCÈNE III

LE BARON, LA BARONNE, LE PRÉSIDENT.

[Le baron est assis plongé dans la rêverie la plus profonde ; la baronne entre avec le président qui lui donne la main. Le baron ne les voit point entrer. La baronne parle à son mari d'un ton aigre et dédaigneux et en prend un doucereux lorsqu'elle adresse la parole au président.)

LA BARONNE. — Que vous êtes aimable, président ! De ma vie je n'oublierai ce que vous avez fait pour nous.

LE PRÉSIDENT. — Vous vous moquez, madame.

LA BARONNE. — Ah ! vous voici, monsieur le baron : je vous cherchais.

LE BARON, brusquement et d'un air distrait. — Oui, me voilà.

LA BARONNE. — Pour cela, monsieur, vous êtes bien peu honnête : il me semble que vous pourriez vous lever.

LE BARON, toujours distrait sans voir le président. — Madame.

LA BARONNE. — Et M. le président qui est devant vous depuis une heure, vous ne le regardez seulement pas.

LE BARON, apercevant le président, se lève. — Ah ! monsieur le président, je vous demande pardon.

LA BARONNE. — En vérité, monsieur le baron, ces distractions-là ne se pardonnent point ; mais peut-être que les agréables nouvelles que j'ai à vous apprendre vous tireront de votre rêverie.

LE BARON, qui a repris sa première attitude. — Madame, je prends peu d'intérêt aux nouvelles.

LA BARONNE. — Oh ! celles-ci vous intéresseront sûrement : votre procès est gagné.

LE BARON, vivement. — Comment ! que dites-vous, mon procès ?

LA BARONNE. — Il est gagné, vous dis-je : nous avons eu un succès complet.

LE BARON, brusquement. — Mon procès est gagné ! cela ne se peut pas.

LA BARONNE. — Eh ! mais, il fallait me faire la galanterie de dire que j'en impose, je vous aurais reconnu là monsieur le baron.

Le Baron, impatiemment. — Eh! morbleu! trêve de plaisanteries, madame la baronne.

La Baronne, au président. — Eh! mon Dieu! qu'il est
charmant! qu'en dites-vous? (Au baron qui est toujours rêveur
et distrait.) Allons, réveillez-vous donc, monsieur le baron,
et saluez M. le président.

Le Baron, sortant de sa rêverie, va au président et l'embrasse. —
Président, pardonnez-moi, vous n'ignorez pas mes in-
quiétudes.

Le Président. — Elles doivent être finies, monsieur le
baron; vous voilà tranquille propriétaire de la baronnie
de Varsange : votre procès est gagné, je vous en fais
mon sincère compliment.

Le Baron. — Cela n'est pas possible.

La Baronne. — Il n'en croira rien, en vérité : cela est
réjouissant.

Le Baron. — Je quitte mon procureur qui m'a dit le
contraire.

Le Président. — Croyez-moi, mon cher baron, j'ai vu
vos juges, et sans me flatter je n'ai pas peu contribué à
votre succès.

Le Baron, s'agitant comme un homme tourmenté. — Est-il
possible? je n'en reviens pas.

La Baronne. — Eh bien! cela vous déridera-t-il un
peu?... Mais regardez donc comme le voilà... Je ne le
reconnais plus; il ne vous remercie pas seulement, monsieur le président.

Le Baron. — Mon procès est gagné... le scélérat!

La Baronne. — Non, cela me passe. (Au baron.) C'est à
M. le président que vous devez le gain de votre procès.

Le Baron. — Ah! mon cher président, comment
pourrai-je reconnaître?... (Entre ses dents.) Qu'ai-je fait,
malheureux!

La Baronne. — Président, il y a quelque chose là-
dessous que je ne comprends pas. (Au baron.) Est-ce ainsi
que l'on reçoit un gendre?

Le Baron la regarde d'un air courroucé. — Que voulez-vous
dire?

La Baronne, d'un ton absolu. — Oui, monsieur le baron

e crois que nous devons assez à M. le président, et je
n'ai pas mieux su reconnaître ses bontés qu'en lui pro-
mettant ma fille : vous ne vous aviserez sûrement pas
de me contredire.

Le Président. — Je me tiendrai fort heureux, monsieur le baron, si vous confirmez le choix de Mme la
baronne.

Le Baron. — Ah! mon cher ami, que m'apprenez-vous
à? J'ai donné ma parole à un autre.

La Baronne, avec emportement. — Qu'est-ce à dire? sans
me consulter? Je ne m'attendais pas à celui-là.

Le Baron. — Mais, madame la baronne...

La Baronne. — Allez, cela est indigne, monsieur le
baron : faire un pareil affront à une femme comme
moi!

Le Baron. — Madame la baronne...

La Baronne, plus vivement. — Non, je ne sais où j'en
suis. Venez, mon cher président. (Au baron.) Ne comptez
pas sur mon consentement.

Le Baron. — Mais encore...

La Baronne, d'un ton plus vif et plus absolu. — Cela ne sera
pas, monsieur le président, cela ne sera pas... Venez,
une bonne séparation.

Le Baron. — Eh! madame, au nom de Dieu, ne m'as-
sassinez pas de vos criailleries: je suis assez à plaindre.
(Au président affectueusement.) Un instant, président, que je
vous apprenne mes chagrins, je me flatte que vous ne
me condamnerez pas. Vous connaissez mon procureur
Ruineau.

Le Président. — A merveille: c'est un maître fripon.

Le Baron. — Ah! président, je n'ose achever. Qu'allez-
vous penser de moi?

Le Président. — Vous aurait-il volé? je saurai lui faire
rendre gorge.

Le Baron. — Je lui ai promis ma fille pour son fils.

La Baronne. — Juste ciel!

Le Président, avec la dernière surprise. — Oh! oh! voilà
qui est très-flatteur pour moi.

La Baronne, éperdue avec de grands cris. — Est-il possible?

Mon Dieu! président, je n'ai recours qu'en vous. Mon pauvre mari a perdu l'esprit: Ah! l'horreur!

LE BARON, avec l'impatience la plus vive. — Non, madame la baronne, je n'ai pas perdu l'esprit; mais vos clameurs me feront tourner la tête infailliblement. (Au président d'un ton douloureux et pénétré.) Mon cher président, croyez-moi, je suis plus à plaindre qu'à blâmer.

LE PRÉSIDENT. — Ma foi, monsieur le baron, vous faites là une méchante affaire, et qui vous perdra d'honneur.

LE BARON. — Mais, mon ami, écoutez-moi.

LE PRÉSIDENT. — Vous ne trouverez pas mauvais si je romps tout commerce avec vous.

LE BARON. — Un instant, président : le bourreau m'a tenu le pistolet sous la gorge.

LE PRÉSIDENT. — Vous vous moquez, monsieur le baron.

LE BARON. — En honneur, président. Il sort de chez moi, m'a rapporté mes papiers et a exigé pour continuer de suivre mon procès que je lui promisse ma fille : j'ai eu la faiblesse de donner ma parole et de signer un dédit considérable.

LE PRÉSIDENT. — Le scélérat!

LA BARONNE. — Il faut le faire pendre, monsieur le président.

LE BARON. — Tirez-moi de ce mauvais pas, mon cher président, je vous devrai plus que la vie. Comment faire pour retirer de ses mains ce malheureux dédit?

LE PRÉSIDENT, souriant. — Ne vous inquiétez pas : il fera quelque chose en ma considération.

LE BARON. — Ah! président! Est-il possible que l'intérêt ait pu me gouverner jusqu'à ce point-là? Mais il s'agissait de la ruine de ma maison. Quel rôle je vais jouer dans tout ceci! Je lui ai donné ma parole. Un gentilhomme! Cela va me perdre d'honneur.

LE PRÉSIDENT. — Allez : il y en aurait encore moins à la tenir, mais je veux ménager votre délicatesse. Feignez de n'avoir point changé de sentiment. Je sais de certaines affaires... Il suffit! Je me charge de vous faire rendre votre dédit sans que vous le demandiez.

LA BARONNE. — Eh bien! est-il aimable, mon petit

président? Convenez que j'entends mieux que vous à me choisir des gendres.

LE BARON. — Ah! mon cher ami, vous ne doutez pas que je n'accepte avec empressement l'honneur que vous me faites.

LE PRÉSIDENT. — Monsieur, je sens vivement le prix...

SCÈNE IV

LE BARON, LA BARONNE, LE PRÉSIDENT, UN LAQUAIS.

LE LAQUAIS, annonçant. — MM. Ruineau père et fils.

LE PRÉSIDENT. — Ah! cela est heureux.

LA BARONNE. — Je sors : je ne pourrais me contenir.

SCÈNE V

LE BARON, LE PRÉSIDENT, RUINEAU, DES BAUDIÈRES.

RUINEAU, entrant. — Entrez, mon fils, et saluez. (Au baron.) Monsieur, mon fils des Baudières vient vous assurer de son respect. (A son fils.) Saluez donc.

DES BAUDIÈRES. — J'ai salué, mon ch'père.

RUINEAU, à part, apercevant le président. — Que veut cet homme-là? (Au baron, haut.) Monsieur le baron, je vous apprends avec plaisir le gain de votre procès.

LE PRÉSIDENT. — Je vous ai prévenu, monsieur Ruineau : il est bien extraordinaire que vous vous y soyez pris si tard, le procès est jugé d'hier.

RUINEAU, à part. — Que diable! Serait-il ici pour me nuire? Sortons. (Au baron.) Monsieur, vous êtes en affaire : je venais en traiter avec vous de particulières, comme vous savez, je prendrai mieux mon temps.

LE BARON. — Point du tout, monsieur Ruineau, vous pouvez parler librement. M. le président me fait l'honneur d'être de mes amis, je lui confie toutes mes affaires.

Des Baudières.—Je ne vois point là mon amoureuse, mon ch'père, je m'en vais l'aller chercher.

Ruineau. — Taisez-vous. (A part.) Morbleu! ceci ne me sent rien de bon. (Haut au baron.) J'en suis charmé, monsieur, votre confiance ne peut être en de meilleures mains. (D'un ton d'emphase.) M. le président est la lumière de notre siége : on vante en lui la candeur, la probité...

Le Président. — Trêve de compliments, monsieur Ruineau. Est-ce là votre fils?

Ruineau, faisant de profondes révérences. — Il est bien votre serviteur, monsieur le président.

(Il fait signe plusieurs fois à son fils de saluer le président.)

Le Président. — Il paraît fort bien élevé, mais je ne le crois pas aussi rusé que vous, monsieur Ruineau.

Ruineau.—Ah! ah! monsieur le président, cela viendra quelque jour : il a fait d'assez bonnes études, mais l'expérience, voyez-vous, l'expérience, il n'est rien de tel, monsieur le président.

Le Président. — Vous avez raison : vous n'en manquez pas, vous, d'expérience, monsieur Ruineau.

Ruineau. — Ah! monsieur, comme cela. Vous avez bien de la bonté, chacun va son petit train comme il peut.

Le Président.— Vous n'allez pas mal : pas mal. Tenez, nous nous connaissons tous ici : vous savez que je n'ignore pas bien des choses. Vous êtes un peu fripon, monsieur Ruineau.

Ruineau, riant d'un ris forcé. — Aïe, aïe, aïe! monsieur le président, le voilà, le voilà! Toujours le petit mot pour rire.

Le Président. — Revenons à votre fils, monsieur Ruineau : vous avez de grandes vues sur lui, à ce que j'apprends.

Ruineau. — Monsieur le président, c'est une petite affaire secrète entre M. le baron et moi: il m'est dû considérablement, et pour me remplir plus facilement...

Le Président, d'un ton sec et impérieux, — Tenez, monsieur Ruineau, parlons nettement : je suis amoureux de Mlle Angélique, moi, et je me flatte que vous ne me ferez pas obstacle.

RUINEAU, d'une voix tremblante. — Ah! monsieur le président, je vous suis tout dévoué, mais ceci regarde M. le baron, et comme vous le savez sans doute il peut seul disposer de sa fille.

LE BARON. — Je vous ai donné ma parole, monsieur Ruineau.

LE PRÉSIDENT, d'un ton dur. — En bonne foi, monsieur Ruineau, n'est-ce pas se moquer? Là, entre nous, votre fils est-il fait pour une personne comme Mlle Angélique?

DES BAUDIÈRES. — Oh! oh! mon ch'père, ce monsieur-là nous traite bien mal.

RUINEAU lui fait signe de se taire. (Au président, d'un air déconcerté.) — Monsieur le président, je sens tout l'honneur que me fait M. le baron, mais ma foi je l'ai bien acheté.

LE PRÉSIDENT. — Finissons, monsieur Ruineau : je veux, quoi que vous en disiez, tenir de vous Mlle Angélique : vous me ferez le plaisir de rendre la parole de M. le baron. (S'approchant de Ruineau, à demi-voix.) J'ai de quoi vous perdre, vous le savez.

RUINEAU, troublé. — Ah! de tout mon cœur, puisque M. le baron veut se dédire.

LE PRÉSIDENT. — Il ne s'agit point de M. le baron : c'est à vous seul que je veux en avoir toute l'obligation.

RUINEAU. — Très-volontiers, monsieur le président. Je vous rends votre parole, monsieur le baron. Sortons, mon fils.

LE PRÉSIDENT. — Tout doucement. Et le dédit.

RUINEAU. — Mais, monsieur le président, vous savez les choses... Vous êtes trop juste...

LE PRÉSIDENT, sévèrement. — Je ne fais rien que de très-équitable. Rendez ce dédit... ou... vous m'entendez...

RUINEAU, dans le plus grand désordre. — Le voilà, monsieur le président. (A part.) Je suis plus mort que vif. (Haut, d'un ton bas et rampant.) Monsieur le président, je compte sur vos bontés. Allons, des Baudières. Voilà une malheureuse journée.

SCÈNE VI

LE BARON, LE PRÉSIDENT.

Le Président. — Voilà votre dédit, monsieur le baron.

Le Baron. — Que ne vous dois-je pas? J'avais affaire à un maître fripon.

Le Président. — Je vous en réponds; mais le malheureux ne le portera pas loin. Toute la cour est instruite de ses friponneries et l'on travaille fort à le faire punir.

Le Baron. — Hélas! qu'allais-je faire?

Le Président. — Le scélérat sait que l'on cherche à éclaircir sa conduite : il voulait sauver sa fortune et son honneur à l'abri d'un nom qui pût en imposer, mais il n'aurait fait que vous entraîner dans sa perte. Il est heureux que j'aie pu l'intimider de manière à terminer cette affaire-ci sans éclat. Quant à vous, monsieur le baron, que cela vous apprenne à moins prodiguer votre confiance.

FIN

PLUS HEUREUX QUE SAGE

PERSONNAGES

LISIDOR.
CLARICE, fille de Lisidor.
ISABELLE.

ÉRASTE, amant de Clarice.
DAMIS, amant d'Isabelle.
PICARD, laquais.

(La scène est à Paris. Le théâtre représente l'appartement de Lisidor.)

SCÈNE I

ÉRASTE, CLARICE.

(Ils entrent sur la scène en conversant.)

ÉRASTE. — Que m'apprenez-vous, chère Clarice?

CLARICE. — Rien que de véritable.

ÉRASTE. — Je suis bien malheureux! Je comptais me présenter aujourd'hui à votre père.

CLARICE. — Hélas! mon cher Éraste!

ÉRASTE. — Et il a été accepté sur-le-champ?

CLARICE. — Sur-le-champ.

ÉRASTE. — Mais vous ne le connaissez pas?

CLARICE. — Mon Dieu! non : je ne l'ai jamais vu.

ÉRASTE. — Et M. Lisidor ne le connaît pas non plus?

CLARICE. — Pas plus que moi : il ne l'a jamais vu, mais c'est le fils de son meilleur ami.

ÉRASTE. — Quelle bizarrerie! S'il était sot et mal bâti!

CLARICE. — Ah! Éraste, ne pouvant être à vous, les autres hommes me seront également indifférents.

ÉRASTE, lui baisant la main. — Adorable Clarice!... Que nous sommes à plaindre!

CLARICE. — Que voulez-vous?

ÉRASTE. — Au moins devait-on vous consulter.

CLARICE. — Vous ne connaissez pas mon père : il est maître absolu dans sa famille.

ÉRASTE. — Mais encore pouvait-il vous en toucher quelque chose.

CLARICE. — Oh! oui : aussi m'a-t-il prévenue de son arrivée en m'ordonnant de le bien recevoir.

ÉRASTE. — Et quand arrive-t-il?

CLARICE. — Incessamment, peut-être aujourd'hui.

ÉRASTE. — Aujourd'hui! mon sort serait-il assez cruel?

CLARICE. — Hélas! je suis aussi à plaindre que vous.

ÉRASTE. — Si j'avais plus de temps, peut-être qu'à l'aide de quelques amis communs j'aurais pu faire changer les choses.

CLARICE. — Vaine espérance, Éraste!

ÉRASTE, — Comment?

CLARICE, — Mon père a donné sa parole : rien ne l'en fera départir.

ÉRASTE. — Je suis le plus malheureux des hommes!

CLARICE. — Hélas!

ÉRASTE. — Et le nom de cet heureux rival?

CLARICE. — Je ne sais trop si je m'en souviendrai... Da... Dam...

ÉRASTE. — Damis?

CLARICE. — Damis, justement.

ÉRASTE. — Damis!

CLARICE. — Oui, Damis.

ÉRASTE. — N'est-il pas de Pontoise?

CLARICE. — Précisémeut.

ÉRASTE. — Est-il possible?

CLARICE. — C'est lui-même : vous le connaissez?

ÉRASTE. — Beaucoup. Vous ne vous trompez point?

CLARICE. — Non, certainement. D'où vient cette surprise?

ÉRASTE. — Ce Damis-là est le dernier des hommes, et lorsque M. Lisidor le connaîtra je ne doute point qu'il ne retire sa parole.

CLARICE. — Il faudrait de puissants motifs.

ÉRASTE. — Aussi s'en trouverait-il.

CLARICE. — Mais encore expliquez-moi?...

ÉRASTE. — C'est un homme sans mœurs et sans foi, qui s'est plu à mettre le désordre dans plusieurs familles honnêtes en séduisant des filles qui avaient été jus-qu'alors sans reproches.

CLARICE. — Ah! ciel! que me dites-vous là?

ÉRASTE. — La vérité. Il y a quelques mois il paraissait sincèrement attaché à Isabelle, une des plus aimables filles de Pontoise : on s'imaginait qu'elle saurait fixer enfin son inconstance, mais il paraît qu'elle a été trompée comme toutes les autres.

CLARICE. — L'abominable homme!

ÉRASTE. — Et vous ne pensez pas que de pareilles rai-sons soient assez fortes pour rompre un engagement qui ne peut que vous être funeste?

CLARICE. — Hélas! je crains bien que non.

ÉRASTE. — Vous m'étonnez!

CLARICE. — Non, mon cher Éraste, tout cela ne sera que de pures bagatelles aux yeux de mon père.

ÉRASTE. — Que bagatelles!

CLARICE. — Oui, de pures bagatelles. Mon père a là-dessus des façons de penser qui me paraissent bien étranges : il ne fait point de différence d'une débauchée qui a dépouillé toute honte d'avec une personne ver-tueuse, mais faible, qui a eu le malheur de tomber dans les piéges d'un séducteur adroit. D'ailleurs il ne connaît pas d'autres vertus dans les personnes de votre sexe que cette probité que l'on doit apporter dans le commerce des affaires, mais il en dispense absolument avec nous...

ÉRASTE. — Oh bien! Damis est véritablement son homme, il devrait l'épouser : mais vous le donner, à vous! rien n'est plus injuste : vos principes méritent au moins d'être respectés.

CLARICE. — Hélas! il ne fait état que des siens; mais retirez-vous : je crains qu'il ne rentre.

ÉRASTE. — Eh! mais, je suis venu dans le dessein de lui parler.

CLARICE. — C'est une démarche inutile et qui ne fera que l'aigrir.

ÉRASTE. — Il faut en courir l'événement : je l'attendrai.

CLARICE. — Non, je vous prie : revenez plutôt.

ÉRASTE. — Eh! pourquoi?

CLARICE. — Ah! s'il me voyait avec vous, tout sera perdu.

ÉRASTE. — Quoi! dans sa propre maison! dans u endroit ouvert à tout le monde!

CLARICE. — N'importe : il est tellement indispo contre notre sexe qu'il nous croit toujours coupabl lors même qu'il n'y a pas lieu à un soupçon fondé.

ÉRASTE. — Voilà une étrange tyrannie!

CLARICE. — Mon père m'aime beaucoup, mais je sui la victime de ses faux principes : le malheur qu'il a eu de ne fréquenter dans sa jeunesse que des femmes vi cieuses lui a donné pour notre sexe une sorte de mépri général duquel je ne suis point exceptée. Mais... qu'en tends-je? Ciel! c'est lui-même... Ah! comment faire?...

ÉRASTE. — Laissez : ne craignez rien.

SCÈNE II

LISIDOR, ÉRASTE, CLARICE.

LISIDOR salue Éraste d'un air mécontent et embarrassé. — Mon sieur, je suis votre serviteur. (A Clarice, d'un air courroucé.) Que faites-vous ici, mademoiselle?

CLARICE. — Mon père, je ne fais que d'entrer pour re cevoir monsieur, qui demandait à vous parler.

LISIDOR. — Eh bien! monsieur, que voulez-vous de moi

ÉRASTE. — C'est M. Lisidor sans doute?

LISIDOR. — Oui, c'est moi-même : à quoi puis-je vous être utile?

ÉRASTE. — Ah! monsieur, permettez que cet embras sement... (Il l'embrasse.)

LISIDOR, avec embarras. — Monsieur...

ÉRASTE. — Vous exprime la joie que j'ai de vous voir. Vous ne me connaissez pas?

LISIDOR. — Non, en vérité.

ÉRASTE. — Je suis de Pontoise et je m'appelle Damis.

CLARICE, à part. — Que lui va-t-il conter?

LISIDOR, d'un air épanoui. — Eh quoi! c'est vous, mon ami? Ventrebleu! qu'il est bien planté! On ne m'avai

pas trompé en me disant que vous étiez un joli homme.
(A Clarice qui veut sortir.) Ici, petite fille : un moment.

ÉRASTE. — Monsieur, vous me flattez.

LISIDOR. — Ah! de la modestie? Bien, bien, j'aime assez
cela : mais avec votre figure on peut s'en passer, mon
gendre.

ÉRASTE. — Monsieur, j'ai toujours compté pour peu
les avantages de la figure et je commencerais aujourd'hui
à faire cas de la mienne si elle plaisait à la charmante
Clarice.

LISIDOR. — Oui, oui, oui, elle lui plaira, je vous en
réponds, moi : elle serait parbleu bien difficile; vous
pouvez compter sur ma parole. Écoute, Clarice, voilà le
mari que je te donne : n'en es-tu pas contente?

CLARICE. — Je suis disposée à vous obéir en tout, mon
père.

LISIDOR, avec satisfaction. — Je m'en doutais; ce que c'est
que la bonne éducation!

(Il fait un signe de satisfaction à Clarice et la congédie.)

SCÈNE III

LISIDOR, ÉRASTE.

LISIDOR. — Eh bien! mon gendre, qu'en dites-vous?
Elle n'est pas mal, au moins, ma Clarice, et vous ne
devez pas être fâché de l'emplette.

ÉRASTE. — Ah monsieur, je serai le plus heureux des
hommes!

LISIDOR. — J'ai pris tous les soins imaginables pour
la bien élever : je n'en garantis pas absolument le succès,
car vous savez aussi bien que moi ce que c'est que les
femmes; mais si l'on peut répondre de quelqu'une, tenez,
c'est de ma Clarice.

ÉRASTE. — Monsieur, vous pouvez en répondre har-
diment : la réputation de mademoiselle...

LISIDOR. — Eh! mon Dieu! mon gendre, ne nous faisons
point d'illusions; ma fille est bien née, je la crois sage,
vous le croyez aussi : voilà tout ce qu'il faut. Tâchons

de demeurer l'un et l'autre dans cette persuasion le pl[us]
longtemps que nous pourrons, et nous serons heureu[x].
Oh! çà, depuis quand êtes-vous arrivé de Pontoise?

ÉRASTE. — A l'instant; j'ai pris à peine le temps [de]
me débarrasser de mes habits de voyage.

LISIDOR. — Vous avez bien fait! mais il fallait de[s]
cendre chez moi et y faire conduire votre bagage : a[u]
point où nous en sommes, vous devez regarder m[a]
maison comme la vôtre. Et le papa Géronte, commen[t]
se porte-t-il?

ÉRASTE. — Tout doucement : autant que le comport[e]
son grand âge.

LISIDOR. — Hom! hom! mais il n'est pas si vieux.

ÉRASTE. — Non, pas absolument, si vous voulez, mai[s]
ses infirmités le vieillissent un peu.

LISIDOR. — Ses infirmités? je ne lui en connais pa[s]
d'autres que sa goutte.

ÉRASTE. — C'est cela même; c'est une terrible infirmit[é]
que celle-là : convenez qu'elle en vaut bien d'autres.

LISIDOR. — Je vous en réponds, je le sais par expérience. Il souffre donc beaucoup, le bonhomme?

ÉRASTE. — Excessivement.

LISIDOR. — J'en suis vraiment fâché. Ce sont des fruit[s]
de la vieille guerre : nous étions deux égrillards. Mais
dites-moi : devient-il un peu plus raisonnable? je le ser-
monne actuellement, moi. Tenez, mon gendre, il est u[n]
temps pour tout : on m'a dit de vos nouvelles; je n[e]
vous en fais pas de reproche; à votre âge rien n'est plu[s]
naturel.

ÉRASTE. — Moi, monsieur?

LISIDOR. — Oui, vous. Il est inutile de faire ici le mys[-]
térieux; d'ailleurs, il suffit de vous voir, mon gendre [:]
où est le joli homme qui n'ait eu des aventures ga[-]
lantes?

ÉRASTE. — Monsieur, ce sont des bagatelles que j[e]
tâche d'oublier.

LISIDOR, riant. — Eh! oui, oui, oui, tâchez, tâchez tou[-]
jours : les nouvelles aventures font oublier les vieille[s]
mais, pour notre ami, franchement, je le désapprouv[e]

demi bas.) Dites un peu : qu'est devenue la petite Manon, tte brune-là, qui déplaît tant à Mme Géronte?

ÉRASTE.—Monsieur, je ne sais ce que vous voulez dire.

LISIDOR. — Allons donc, quel enfantillage! vous ne me rsuaderez pas que vous ignorez ces choses-là.

ÉRASTE. — Monsieur, en tout cas, je mets tout en uvre pour les oublier bien vite, et j'y réussis.

LISIDOR. — Bien, bien, j'aime votre discrétion, mon ndre, je ne puis vous en savoir mauvais gré: mais pprenez que je suis l'intime de votre père, et quoique ne l'aie pas vu depuis près de vingt ans, il n'a pas ami plus chaud que moi : je m'intéresse vivement à ut ce qui le concerne, et j'ai soin de le tancer comme le mérite de ses folies : ainsi vous ne risquez rien de us ouvrir à moi.

ÉRASTE. — J'y serais très-disposé, monsieur, mais, à us parler franchement, je m'occupe peu de la conduite e mon père, pour jouir de mon côté d'une liberté plus tière : ce sont nos conventions.

LISIDOR riant. — Eh! eh! eh! l'habile garçon! Oh! çà, ·isons là-dessus, monsieur le discret, nous n'en serons us moins bons amis. Dites un peu, il ne viendra pas, iivant toute apparence, le pauvre cher homme? (A Éraste, ii a l'air inquiet.) Vous avez l'air inquiet, mon gendre, l'avez-vous?

ÉRASTE. — Je vous demande pardon, monsieur... j'ai nné à mon valet... quelques ordres...

LISIDOR. — Liberté entière, mon gendre, liberté.

(Éraste sort.)

SCÈNE IV

LISIDOR.

Il n'est ma foi pas mal, ce garçon-là, pas mal du tout. avais quelque inquiétude sur la parole que j'ai donnée mon vieil ami sans connaître son fils : mais heureu- ment je n'ai point à me repentir, et la petite fille doit re fort contente.

SCÈNE V

LISIDOR, PICARD.

PICARD, annonçant. — M. Damis.

LISIDOR. — Comment dis-tu?

PICARD. — M. Damis, monsieur.

LISIDOR. — Mon gendre? Eh! parbleu! il sort d'ici.

(Picard sort.)

SCÈNE VI

LISIDOR, ISABELLE en homme.

(Isabelle travestie en homme entre, une lettre à la main, et salue Lisidor sans rien dire.)

LISIDOR. — Qui demandez-vous, monsieur?

ISABELLE. — M. Lisidor : je viens lui présenter mes très-humbles respects.

LISIDOR. — De quelle part? qui êtes-vous? voilà bien des révérences.

ISABELLE. — Je suis Damis, de Pontoise.

LISIDOR, avec la plus grande surprise. — Qui? vous!

ISABELLE. — Voici une lettre de mon père, qui vous expliquera le sujet de ma visite.

LISIDOR la prend avec empressement. — Voyons. C'est, parbleu! son écriture. (Il lit bas.) Je suis confondu. Voilà une étrange effronterie!

ISABELLE, qui a entendu les derniers mots, inquiète et déconcertée. — Ah! ciel! tout est découvert : je suis perdue! (Haut.) Cet accueil me surprend, monsieur, et la lettre de mon père semblait me promettre...

LISIDOR. — Ce n'est pas pour vous que je parle, mon cher ami : mais il vient de m'arriver une singulière aventure.

ISABELLE. — Comment donc?

LISIDOR. — Un maître fourbe sort d'ici qui s'est annoncé sous votre nom.

ISABELLE, intriguée, à part. — Damis m'aurait-il pré-
enue? (Haut, riant forcément.) Le tour est vraiment ori-
inal!

LISIDOR, sérieusement. — Dites que le tour est pendable,
on ami, dites que le tour est pendable. Comment, mor-
eu! m'affronter ainsi, moi!... Ah! je lui apprendrai à
ui il se joue.

ISABELLE, d'un ton mal assuré. — Monsieur, je me flatte
ue vous ne doutez pas...

LISIDOR. — Eh! non, vous dis-je : la chose est claire
aintenant. Vous avez l'air d'un honnête homme, vous :
ailleurs la lettre de votre père ne me laisse aucun
oute... Ce drôle-là est un hardi coquin.

ISABELLE. — Je vous assure...

LISIDOR. — Mais je le tiens et il sera la dupe de sa
ropre ruse.

ISABELLE. — Comment ferez-vous?

LISIDOR. — Il doit revenir, et, comme il ne sait point
tre arrivée, je me propose de le confondre et de le
ettre entre les mains de la justice.

ISABELLE, intriguée et alarmée. —Ah! gardez-vous-en bien.

LISIDOR. — Eh! pourquoi?

ISABELLE. — Peut-être est-ce un jeune fou sans expé-
ence.

LISIDOR. — Tant pis pour lui.

ISABELLE. — Qui ne sentait pas la conséquence d'une
reille démarche.

LISIDOR. — Il l'apprendra.

ISABELLE. — Voudriez-vous causer la perte de ce mal-
ureux?

LISIDOR. — C'est sa faute.

ISABELLE. — Jeter la désolation dans une famille honte et la couvrir de honte?

LISIDOR. — J'en suis fâché; mais si vous fussiez arrivé
us tard de quelques jours il épousait ma fille. Hein!
istoire aurait-elle été gentille? Un malheureux aven-
rier, que sais-je, moi? Je m'en rapporte à vous.

ISABELLE. —Votre colère est juste, mais permettez-moi
ssi quelques réflexions : si c'était quelque amant se-

cret de votre fille? car elle ne m'a jamais vu, et, si elle a le cœur prévenu pour quelque autre, ils ont pu concerter ensemble la supercherie qui vous chagrine. Songez-y.

LISIDOR. — Effectivement : ce que vous me dites là peut fort bien être vrai.

ISABELLE. — Faites-y attention : il serait très-fâcheux de prendre un parti qui compromettrait l'honneur de votre fille et le vôtre.

LISIDOR. — J'ai peine à croire que ma fille ait osé se prêter à une pareille action; mais ce maudit sexe-là est si trompeur que, franchement, je ne pourrais en répondre.

ISABELLE. — C'est pour cela que je vous conseille de demeurer en repos et de vous contenter de faire défendre votre porte à l'imposteur.

LISIDOR. — Non ferai, de par Dieu! je vais commencer par interroger Clarice, et si je la trouve coupable, un bon couvent m'en fera raison.

ISABELLE. — Comment y parviendrez-vous? Elle ne l'avouera pas.

LISIDOR. — Je l'y forcerai bien.

ISABELLE. — Le sexe est si dissimulé! vous le savez.

LISIDOR. — Oh! s'il est dissimulé, je suis fin, moi, et l'on ne me trompe pas aisément.

ISABELLE. — A votre place, ce ne serait point le parti que je prendrais.

LISIDOR. — Eh! que feriez-vous?

ISABELLE. — Sans revenir sur ce qui s'est passé, je bannirais le faux Damis et je suivrais mon premier dessein.

LISIDOR. — Eh quoi! mon ami, êtes-vous toujours dans la résolution d'épouser ma fille?

ISABELLE. — De tout mon cœur.

LISIDOR. — Que je vous embrasse! vous pensez en brave garçon.

ISABELLE. — Bon! ne sais-je pas que ces petites fantaisies-là passent chez les filles en aussi peu de temps qu'elles leur viennent.

LISIDOR. — Vous avez raison : touchez là, mon gendre;

ma foi! vous pensez sensément; à votre âge c'est vraiment extraordinaire. Quel âge avez-vous? vous me paraissez bien jeune.

ISABELLE. — Mais quelque vingt-cinq ans.

LISIDOR. — Parbleu! on ne s'en douterait pas : à peine vous donnerais-je dix-huit ans. Morbleu! le bel âge! et qu'il passe vite! Mon gendre, vous vous en apercevrez.

ISABELLE. — Oh! monsieur, je vois mes belles années s'écouler sans peine.

LISIDOR. — Et vous ne les employez pas mal; je sais de vos nouvelles. (Riant.) Eh! eh! eh! vous connaissez à Pontoise une certaine Isabelle, n'est-ce pas? Eh! eh! eh!

ISABELLE, déconcertée. — Moi, monsieur?

LISIDOR. — Vous, oui, vous. Allez, allez, mon garçon, rassurez-vous : ce n'est pas que je vous en fasse des reproches.

ISABELLE. — Mais encore un coup, monsieur, que vous a-t-on dit de cette Isabelle?

LISIDOR. — Bon! ce que l'on en devait dire : c'est quelque petite coquette, là, comme on en trouve tant à votre âge, qui vous a fait passer agréablement quelques mois.

ISABELLE. — Monsieur, vous vous trompez, et vous êtes mal informé : je ne connais point cette Isabelle, dont j'ai seulement entendu parler comme d'une très-honnête fille.

LISIDOR. — Encore une fois, mon gendre, je ne vous en veux pas de mal. Lorsque j'étais jeune, je faisais comme vous, et je ne suis pas assez injuste pour blâmer dans les autres ce dont je n'ai pu me garantir moi-même. Mais je vous amuse ici : vous voudriez voir votre future, n'est-ce pas? Entrez, je vous suis à l'instant.

(Isabelle sort.)

SCÈNE VII

LISIDOR.

Parbleu! l'aventure est comique, et le véritable Damis a suivi de près l'imposteur. Un petit moment plus tôt ils se rencontraient, et...

SCÈNE VIII

LISIDOR, PICARD.

Picard. — Il y a encore là-bas un monsieur qui dit s'appeler M. Damis et qui demande à vous parler.

Lisidor. — Encore un Damis? je crois qu'il en pleut.

Picard. — Ferai-je entrer, monsieur?

Lisidor, à part. — Oh! parbleu! je tiens celui-ci. (Haut, à Picard.) Oui, et dis à mon gendre que je l'attends ici.

SCÈNE IX

LISIDOR, DAMIS.

Damis. — M. Lisidor.

Lisidor. — Entrez, monsieur, entrez; vous êtes, M. Damis de Pontoise, n'est-ce pas?

Damis, saluant. — A vous servir, monsieur.

Lisidor, à part, examinant la contenance de Damis. — Voilà, sur ma parole, un des plus hardis fripons que je connaisse.

Damis. — Permettez que cet embrassement...

Lisidor, lui tournant le dos. — Doucement, monsieur, doucement, c'est pousser un peu trop loin l'effronterie.

Damis. — Cet accueil a lieu de me surprendre, et dans les termes où mon père m'a dit que nous en étions je n'avais pas lieu de m'y attendre.

Lisidor. — Dans un instant vous aurez l'explication de tout ceci, monsieur le fourbe.

Damis. — Monsieur, voilà des épithètes qui ne me conviennent point du tout.

SCÈNE X

LISIDOR, DAMIS, ISABELLE.

DAMIS, apercevant Isabelle, à part. — Ciel ! que vois-je ?

ISABELLE, à part. — Voilà mon perfide : armons-nous de courage.

LISIDOR, examinant la confusion de Damis. — Le voilä pris. (Haut.) Eh bien ! monsieur l'affronteur, connaissez-vous ce cavalier-là ?

DAMIS, déconcerté, à part. — C'est Isabelle ! quel étrange événement ! (Haut, à Lisidor.) Je ne puis vous dissimuler ma surprise ; mais...

LISIDOR, furieux. — Mais, mais : vous osez ainsi vous jouer à moi ?

DAMIS. — J'avoue ma faute, monsieur, et...

LISIDOR. — Il est parbleu bien temps, et je trouve l'aveu plaisant. Holà ! ho ! qu'on m'aille chercher un commissaire.

ISABELLE. — Eh ! monsieur, laissez : sa confusion nous venge assez.

LISIDOR. — Je suis votre serviteur.

DAMIS. — L'arrivée de votre commissaire sera fort inutile, monsieur : c'est de mademoiselle seule que j'attends ma grâce ou ma punition ; je suis depuis longtemps en proie à un remords qui me déchire.

LISIDOR. — Mademoiselle ! il extravague.

DAMIS, se jetant aux pieds d'Isabelle. — Charmante Isabelle, aurez-vous l'indulgence de pardonner à un perfide qui ne mérite que votre colère ? Me permettrez-vous de vous offrir un cœur que l'ambition vous enlevait, mais que l'amour vous ramène.

ISABELLE, attendrie. — Ah ! Damis !

LISIDOR, à Isabelle. — Mon gendre que veut dire tout ceci ?

SCÈNE XI

LISIDOR, DAMIS, ISABELLE, ÉRASTE.

Éraste, à Lisidor. — Je viens, monsieur, vous demander pardon d'une supercherie qui a dû vous offenser,
quoique la circonstance pût la rendre excusable : je me
présente sous mon vrai nom....

Lisidor. — A l'autre ! je crois que j'en deviendrai fou.
Oh ! çà, messieurs, puisque vous voilà rassemblés, dites-
moi de grâce qui de vous trois s'appelle Damis?

Damis. — Il ne faut pas vous abuser plus longtemps,
monsieur : c'est moi qui m'appelle Damis, et qui devais
épouser votre fille, mais j'ai donné ma foi à Isabelle et
rien au monde ne pourra désormais rompre nos engage-
ments.

Lisidor. — Voilà un fort sot compliment, monsieur
Damis, et vous pouviez vous épargner la peine de venir
le faire ici.

Damis. — Je ne vous dissimule pas que j'étais venu
dans un autre dessein : honteux de ma perfidie, je
n'osais me présenter devant celle qui en était l'objet.
L'intérêt m'amenait aux pieds de Mlle votre fille : je ren-
contre l'adorable Isabelle, l'amour et la vertu rempor-
tent la victoire, et je lui rends un cœur que j'ai le bonheur de voir bien reçu, quoiqu'il soit si peu digne d'elle.

Lisidor, avec le plus grand étonnement. — Isabelle !

Isabelle. — Vous la voyez devant vous, monsieur,
confuse de la tromperie qu'elle vous a faite : elle vous
croit trop généreux pour troubler le bonheur de deux
amants aussi tendrement unis.

Lisidor. — Au diable les amants ! J'avais bien besoin
d'être mêlé dans toutes ces tracasseries-là, moi !

Éraste. — Vous pouvez aisément réparer tout ceci,
vous m'avez accepté tantôt sous le nom de Damis :
oserais-je me flatter que vous ne me rejetterez pas lorsque vous saurez mon vrai nom? Je m'appelle Éraste, et
je suis fils de Lysimon?

Lisidor. — Lysimon !

Éraste. — Oui, monsieur ; connaîtriez-vous mon père ?

Lisidor. — Oui, un peu ; j'ai fait avec lui un voyage en Italie, il y a bien longtemps : c'est un très-brave homme.

Éraste. — Je m'estimerai fort heureux si cette ancienne connaissance vous prévient favorablement pour moi.

Lisidor. — Oui-da, nous verrons : j'écrirai à M. votre père ; vous pouvez espérer cependant.

Éraste. — Ah ! monsieur, vous me rendez le plus heureux de tous les hommes. Ce coup inopiné du sort justifie le proverbe : *Plus heureux que sage.*

FIN

UN PEU D'AIDE FAIT GRAND BIEN

ou

LE SEIGNEUR AUTEUR

PERSONNAGES

LE DUC.

M. RONFLANT, poëte tragique.

M. DÉCOUSU, poëte d'opéra-comique.

DUPRÉ, valet de chambre du duc.

(La scène est dans le cabinet du duc.)

SCÈNE I

LE DUC, DUPRÉ.

LE DUC, en robe de chambre, s'agitant et se promenant. — Quoi ! je ne pourrai pas faire un vers, un vers seulement ! Ah ! voyons ! (Il écrit.) Non, il est trop long. Oui, mais de cette façon ? (Il écrit.) Il est trop court.

(Il déchire son papier.)

DUPRÉ. — Mais, monseigneur, pourquoi faire ces vers vous-mêmes, puisque vous avez tant de peine ?

LE DUC. — Tant de peine !... Qu'est-ce que c'est que cette façon de parler ? Ai-je jamais eu de la peine à faire des vers ?

DUPRÉ. — Je sais bien que non, tant que vous avez en ce secrétaire un peu fou que vous aimiez tant...

LE DUC. — Allons, taisez-vous : vous me faites perdre mes idées...

DUPRÉ. — J'en suis bien éloigné, et si j'en trouvais je les donnerais tout à l'heure à Monseigneur.

LE DUC. — Des idées, vous ? Attendez : ne faites pas de bruit. Ah ! oui-da ! c'est lyrique tout à fait ; écrivons...

(Il écrit.) Fort bien ! mais où est la rime? Cela me fait perdre trop de temps. C'est incroyable qu'aujourd'hui je ne puisse pas...

DUPRÉ. — En vérité, monseigneur, si vous vouliez m'entendre, vous auriez bientôt fait.

LE DUC. — Eh bien ! monsieur le docteur, parlez.

DUPRÉ. — Je prendrais mon parti, moi : je ferais faire ces vers tout simplement par les gens du métier.

LE DUC. — Oui, si je n'en savais pas faire, imbécile.

DUPRÉ. — Ah ! je demande pardon à Monseigneur : je croyais...

LE DUC. — Allons, laissez-moi.... Voyons encore.

DUPRÉ. — M. Ronflant et M. Décousu demandent à voir Monseigneur.

LE DUC. — Que me veulent-ils? Je suis en affaire.

DUPRÉ. — Je le leur ai dit, cependant je crois que vous feriez bien...

LE DUC. — Allons, faites-les entrer.

SCÈNE II

LE DUC, RONFLANT, M. DÉCOUSU.

LE DUC. — Ah! messieurs! je suis charmé de vous voir; mais ce ne sera pas pour longtemps, parce que je suis un peu occupé...

M. RONFLANT. — M. le Duc cultive toujours les Muses sans doute ?

M. DÉCOUSU. — Eh! il a raison : elles le favorisent assez pour qu'il ne les délaisse pas.

LE DUC. — Il est vrai que quelquefois elles ne m'ont pas mal traité.

M. RONFLANT, M. DÉCOUSU. — Oh! toujours! toujours!

LE DUC. — Parfois elles ont des caprices, comme vous savez.

M. DÉCOUSU. — Vous ne les connaissez guère 'e crois ?

LE DUC. — Comme un autre.

M. Ronflant. — Monsieur le duc, j'ai l'honneur de vous apporter le cinquième acte de ma nouvelle tragédie. Si vous aviez un quart d'heure seulement à me donner.

M. Décousu. — Moi, je ne veux faire voir à M. le duc que mon ariette de la Chaise de poste qui va se briser, et qui sonne la ferraille : ce sera encore plus court.

M. Ronflant. — Monsieur Décousu, un moment s'il vous plaît : vous ne devez passer qu'après moi.

M. Décousu. — Monsieur Ronflant, vous prenez là un ton...

Le Duc. — Messieurs, vous vous disputerez une autre fois.

M. Ronflant. — Mais, monsieur le duc, jugez un peu si un poëte d'opéra-comique doit avoir le pas sur un poëte tragique. Si quelqu'un doit protéger le ton des héros, je crois que c'est vous.

M. Décousu. — Oui, le vrai ton des héros : mais celui qu'ils n'ont jamais eu et qu'ils n'auront jamais, cela est différent.

M. Ronflant.. — Qu'ils n'auront jamais?

M. Décousu. — Assurément : au lieu que moi, je peins la nature et la vérité.

M. Ronflant. — La nature et la vérité ! Il y a bien du mérite à toujours copier ! Où est donc le génie?

M. Décousu. — Molière manquait de mérite : osez-vous dire cela?

M. Ronflant. — Molière !.... Molière n'a point fait de tragédies.

Le Duc. — Eh! messieurs, ne disputez pas : je n'ai pas le temps.

M. Ronflant. — Monsieur le duc, suivant votre conseil, j'ai cherché pour mon dénoûment et j'ai imaginé un tyran de plus.

M. Décousu. — Moi, j'ai cru que ma Chaise de poste était une nouveauté dont vous seriez content.

Le Duc. — Je vous ai déjà dit que j'étais occupé très-sérieusement.

M. Ronflant. — Si M. le duc voulait nous faire part de ses productions...

M. Décousu. — Nous serions bien sûrs d'avoir de quoi admirer.

Le Duc. — Non, vous dis-je : j'ai passé toute la matinée à rêver, à barbouiller du papier sans pouvoir rien faire.

M. Ronflant. — C'est qu'apparemment c'est un nouveau genre que M. le duc a choisi ?

Le Duc. — Non, au contraire : c'est un couplet; ainsi vous voyez bien...

M. Décousu. — Personne n'en fait assurément aussi facilement que M. le duc.

Le Duc. — Ordinairement cela ne me coûte rien; mais aujourd'hui je ne sais ce que j'ai.

M. Ronflant. — Est-ce un sujet rare ?

Le Duc. — Non, c'est un bouquet.

M. Décousu. — Un bouquet ?

Le Duc. — Oui, un bouquet pour une femme que j'aime, et vous sentez bien qu'il faut que cela soit neuf, qu'il faut de la pensée. Asseyez, asseyez-vous là.

M. Ronflant. — Mais la pensée, M. le duc l'a trouvée.

Le Duc. — Moi !

M. Décousu. — Oui, un bouquet.

Le Duc. — C'est vrai, c'est moi qui veux que ce soit un bouquet. Comme vous dites, voilà la pensée trouvée ; mais il faut la mettre en chant, et voilà le difficile.

M. Décousu. — Avez-vous choisi un air ?

Le Duc. — Bon ! j'en ai cent.

M. Décousu. — Il faut s'arrêter à un seul.

Le Duc. — C'est vrai aussi, j'avais envie de prendre...

M. Ronflant. — M. Décousu vous en dira, monsieur le duc.

M. Décousu. — Oui, prenez... (Il chante.)

C'est la fille à Simonette.

Le Duc. — C'était justement celui-là que j'avais en vue...

M. Ronflant. — Eh bien ! votre couplet est fait.

Le Duc. — Pas tout à fait.

M. Ronflant. — Pardonnez-moi, tenez, écrivez.

Le Duc, prenant sa plume. — C'est vrai, les choses viennent quelquefois comme cela sans peine.

M. Décousu. — Sans peine ! Vous n'en avez sûrement pas.

M. Ronflant. — Vous commencez par dire. (Il chante.)

Que de fleurs on va répandre...

Le Duc. — Oh ! pour ce vers-là, je l'ai déjà écrit plus de vingt fois, et je l'ai effacé de même.

M. Ronflant. — Pourquoi l'effacer ? Il est bon : il annonce la fête.

Le Duc. — C'est vrai. (Il écrit.)

Que de fleurs on va répandre

M. DÉCOUSU.

Dans un jour aussi charmant !

Le Duc. — Voilà ce que j'ai fait :

Que de fleurs on va répandre
Dans un jour aussi charmant !

M. Ronflant. — Vous allez d'un train ! Attendez : voyons ce que vous allez dire. Laissons faire M. le duc, ne le troublons pas.

Le Duc. — Je dirais, par exemple :

M. DÉCOUSU.

Que de chants se font entendre

M. RONFLANT.

Pour exprimer ce qu'on sent !

Le Duc. — Oui, oui.

Que de chants...

M. DÉCOUSU.

Se font entendre.

Le Duc. — Un moment, s'il vous plaît.

Pour...

M. RONFLANT.

Exprimer ce qu'on sent!

LE DUC.

Pour exprimer ce qu'on sent!

Je ne trouve pas mal ces deux vers-là. Qu'en dites-vous ? Ne me flattez pas : parlez-moi naturellement.

Que de fleurs se font entendre.

M. DÉCOUSU.

Que de chants...

Le Duc. — Oui, oui.

Que de chants se font entendre
Pour exprimer ce qu'on sent!

Cela va bien.
M. Ronflant. — A merveille!
Le Duc. —Voyons un peu le reste : je voudrais parler de ses grâces.
M. Ronflant. —Oui, de ses grâces : c'est très-bien vu.

M. DÉCOUSU.

Vos grâces, votre art de plaire.

Le Duc. — Oui, je dis :

Vos grâces, votre art de plaire.

Écrivons.
M. Ronflant. — Ce n'est sûrement pas nous qui le faisons dire à M. le duc.

LE DUC.

Vos grâces, votre art de plaire...

M. RONFLANT.

Font répéter tous les jours...

LE DUC.

Se répètent tous les jours.

M. Ronflant. — Non, non, vous dites :

Font répéter tous les jours.

Le Duc. — Oui, oui, je dis :

Font répéter tous les jours :

Font répéter, font répéter ! Il y a bien de quoi, c'est qu'il faut peindre en chantant....
M. Décousu. — Sans doute, et c'est là votre talent.
Le Duc. —Oui, je n'y suis pas absolument maladroit.

Font répéter tous les jours :

M. DÉCOUSU.

C'est la fête de Cythère...

Le Duc.   Oh! pour celui-là, je me le vole à moi-même en le faisant . je n'ai pas dit autre chose de la matinée.

C'est la fête de Cythère,

M. RONFLANT.

C'est la fête des amours.

Le Duc. — Cela va de soi-même: « Fête de Cythère fête des amours. » Qui dit l'un dit l'autre.
M. Décousu. — Dites : qui fait l'un fait l'autre.
Le Duc. — Sûrement.

C'est la fête des amours.

M. Ronflant. — C'est un tableau charmant !

M. Décousu. — On ne voit que des guirlandes dans les airs.

M. Ronflant. — Des fleurs les parfument; c'est un spectacle enchanteur ! Personne que vous ne pourrait dire aussi bien :

> C'est la fête de Cythère,
> C'est la fête des amours.

Le Duc. — Il est vrai que je n'en suis pas mécontent, j'ose le dire.

M. Décousu. — Parbleu ! je le crois bien.

Le Duc. — Revoyons tout le couplet, messieurs, je vous en prie. (Il chante.)

> Que de fleurs on va répandre
> Dans un jour aussi charmant!
> Que de chants se font entendre
> Pour exprimer ce qu'on sent!

M. Ronflant. — Je vois la décoration de la fête! Quelle pompe! quelle magnifience !

M. Décousu. — Les chœurs chantants sont rangés à droite et à gauche.

Le Duc. — C'est vrai, je n'y avais pas pris garde.

M. Ronflant. — Bon ! rien ne manque à cette fête : quelle imagination !

M. Décousu. — Et dans un seul couplet.

LE DUC.

> Vos grâces, votre art de plaire
> Font répéter tous les jours :
> C'est la fête de Cythère,

TOUS TROIS ENSEMBLE.

> C'est la fête des amours.

M. Ronflant. — Divin !

M. Décousu. — Délicieux !

Le Duc. — Je suis bien aise que vous en soyez contents.

M. Décousu. — Contents?

M. Ronflant. — Nous en sommes enchantés, ravis.

Le Duc. — Eh bien ! croiriez-vous que ce matin j'ai été au point de croire que je ne parviendrais jamais à faire ce couplet ?

M. Décousu. — Vous ne connaissez pas vos talents, monsieur le duc.

M. Ronflant. — Quand voulez-vous que je revienne pour mon cinquième acte? car je voudrais après obtenir une lecture des comédiens.

Le Duc. — Mais quand vous voudrez.

M. Ronflant. — J'ai grand besoin que M. le duc veuille bien leur faire parler par quelqu'un.

Le Duc. — Je le veux bien : vous me direz par qui.

M. Ronflant. — C'est que c'est difficile.

M. Décousu. — Moi, je ne demande que le suffrage de M. le duc sur mon ariette, car le musicien est content.

Le Duc. — Nous verrons : je vous dirai naturellement...

M. Décousu. — C'est là tout ce qui me retient; les rôles sont déjà distribués et cela ira tout de suite.

Le Duc. — Je vous le ferai dire.

M. Décousu. — Pour votre couplet, monsieur le duc, je voudrais l'avoir fait.

M. Ronflant. — Et moi aussi, je vous en réponds.

Le Duc. — Vous me faites le plus grand plaisir...

M. Ronflant. — Je vous en demanderai une copie la première fois.

Le Duc. — Vous l'aurez.

MM. Ronflant et Décousu, chantant en s'en allant.

C'est la fête de Cythère,
C'est la fête des amours.

SCÈNE III

LE DUC, DUPRÉ.

Le Duc. — Holà! quelqu'un!

Dupré. — Monseigneur?

Le Duc. — Allons.

Dupré. — Eh bien! monseigneur, votre couplet?

Le Duc. — Il est fait.

Dupré. — Et vous en êtes content!

Le Duc. — Je t'en réponds : il est charmant!

Dupré.—Je savais bien que vous en viendriez à bout. Je n'avais garde de renvoyer ces Messieurs.

Le Duc. — Allons, viens : je te le chanterai en m'habillant. (Il s'en va et il emporte le couplet.)

FIN

AVEC LES FRIPONS TOUT À PERDRE

ou

LE MARCHAND DE BIJOUX

~~~~~~

PERSONNAGES

M. DE LA GRIFFE, filou vêtu en gentil-homme.

M. BONTOUR, autre filou, de même.

M. PAFFE, leur compère.

ÉZÉCHIEL, juif, marchand de bijoux.

M. POMART, bourgeois.

UN GARÇON DE CAFÉ.

(La scène est dans un café.)

SCÈNE I

M. BONTOUR, M. DE LA GRIFFE.

M. BONTOUR. — La Griffe, as-tu fait quelque chose hier au bal ?

M. DE LA GRIFFE. — Oui : j'ai eu deux montres et une boucle d'oreille.

M. BONTOUR. — Et comment diable as-tu fait ?

M. DE LA GRIFFE. — J'étais masqué en domino noir, comme tu sais...

M. BONTOUR. — Oui.

M. DE LA GRIFFE. — J'étais dans la foule, derrière une femme qui donnait le bras à une autre, quand cette femme s'est retournée tout d'un coup et m'a dit : « Tenez, chevalier, prenez ma montre, j'ai peur de la perdre dans la foule. »

M. BONTOUR. — Et t'en es-tu allé ?

M. DE LA GRIFFE. — Non, vraiment : j'ai suivi ma femme jusqu'à ce que j'aie su son nom. Comme je la connaissais de vue, j'ai trouvé une de ses amies à qui j'ai dit : comment trouvez-vous Mme de Clincourt, qui ne peut pas porter sa montre et qui m'en a embarrassé pour toute la nuit ? — Elle a bien fait, chevalier, dit celle-ci ; j'ai envie de vous donner aussi la mienne, et elle m'a forcé de la prendre. » Quand je l'ai eue, j'ai tout de suite été changer de domino.

M. Bontour. — Et si ce chevalier, pendant ce temps, était venu à visage découvert parler à ces femmes?

M. de La Griffe. — Elles auraient été surprises de le voir, elles me l'auraient fait connaître par là et je leur aurais fait, en leur rendant les montres, une leçon sur leur imprudence : elles m'auraient pris pour leur mari et m'auraient peut-être prié de les garder.

M. Bontour. — Tu n'es pas malheureux ni maladroit. Et la boucle d'oreille?

M. de La Griffe. — La boucle d'oreille, je n'y pensais pas non plus. J'écoutais deux femmes qui causaient vivement. J'étais assis auprès d'elles, lorsque celle auprès de qui j'étais, qui écoutait l'autre, me dit : « Je crois que vous dormez. — Non, madame, » répondis-je ; et, poursuivant tout de suite, elle s'écrie : « Mes boucles me font un mal horrible. — Otez-les, lui dit son amie. — Vous avez raison, reprend-elle. Monsieur, auriez-vous du papier pour les envelopper? Je réponds : « Oui, madame, et si vous voulez je les envelopperai. » Je n'en enveloppe qu'une : comme elle parlait toujours, je la lui rends, elle la met dans sa poche sans y regarder ; je garde l'autre ; elle se lève et me dit: « Vous êtes paresseux, vous allez rester là? » Je fais signe qu'oui, et elles s'en vont. Elle ne sait peut-être pas encore qu'elle a perdu sa boucle ni les autres leurs montres.

M. Bontour. — Les montres sont-elles garnies de diamants ?

M. de La Griffe. — Sans doute.

M. Bontour. — Cela fait une bonne nuit!

M. de La Griffe. — Et toi, Bontour?

M. Bontour. — J'ai joué.

M. de La Griffe. — Heureusement?

M. Bontour. — Je te le demande! Cependant pas trop.

M. DE LA GRIFFE. — Au vingt-un?

M. BONTOUR. — Oui, avec mes onze tout faits dans ma poche.

M. DE LA GRIFFE. — Et les figures sont venues?

M. BONTOUR. — Oui, mais toujours j'ai eu bien peur d'être soupçonné : j'ai quitté, je me suis levé, et je n'ai plus fait que mettre sur les cartes des autres et des louis en tas, surtout quand un étourdi que je connais avait la main.

M. DE LA GRIFFE. — Mais il faut gagner.

M. BONTOUR. — Sûrement! mais je gagnais toujours plus que je ne perdais.

M. DE LA GRIFFE. — Sur la carte d'un autre! Comment fais-tu?

M. BONTOUR. — Je lui répétais trois ou quatre fois : Monsieur, tenez-vous cela, tenez-vous cela, tenez-vous cela? Il me répondait impatiemment oui, monsieur, je tiens tout, sans savoir ce que j'avais mis. Quand il gagnait, je prenais mes louis et je ne lui en jetais que la moitié.

M. DE LA GRIFFE. — Ah! oui! c'est fort bien.

M. BONTOUR. — Et quand je gagnais, en étalant mon argent, je le doublais.

M. DE LA GRIFFE. — Diable! tu dois avoir gagné beaucoup.

M. BONTOUR. — Non, j'ai été malheureux, et puis ce diable de chevalier Sapin m'observait, et toutes les fois que j'ai gagné, il m'a toujours dit tout haut : « Monsieur, je vous ai donné un louis, » quelquefois deux : si bien que je l'ai menacé de ne plus jouer s'il voulait deux louis.

M. DE LA GRIFFE. — Il y a des gens bien heureux! Sans rien risquer, cet homme-là partage avec tout le monde. Que ne joue-t-il lui-même?

M. BONTOUR. — Cela lui est défendu.

M. DE LA GRIFFE. — Ah! je ne le savais pas.

M. BONTOUR. — Qu'est-ce tu comptes faire aujourd'hui?

M. DE LA GRIFFE. — Mais je ne sais pas trop.

M. BONTOUR. — Tu t'es paré pourtant.

M. de La Griffe. — Et toi aussi.

M. Bontour. — C'est pour éviter le signalement.

M. de La Griffe. — Sans doute, il faut varier ses habillements. A propos, Fanchon Lacroix me tourmente.

M. Bontour. — Sur quoi?

M. de La Griffe. — Elle dit qu'il y a longtemps que je ne lui ai rien donné.

M. Bontour. — Mais cette montre que je lui ai vue, qui venait de toi?

M. de La Griffe. — Elle a été réclamée, il a fallu la rendre.

M. Bontour. — Elle doit bien crier, car tu dînes chez elle souvent.

M. de La Griffe. — Oui : voilà pourquoi il faut que je songe à lui trouver quelque chose; c'est qu'il n'y a guère d'occasions et qu'elle me presse.

M. Bontour. — Ah! tiens, voilà Ézéchiel.

M. de La Griffe. — Qu'est-ce que c'est?

M. Bontour. — Ce juif qui vend des bijoux d'or.

M. de La Griffe. — Ah! ah! tu as raison.

M. Bontour. — Parbleu! il ne sera pas difficile de...

M. de La Griffe. — Oui, je t'entends. Écoute-moi : te souviens-tu de ce que nous disions l'autre jour avec Paffe?

M. Bontour. — Oui.

M. de La Griffe. — Eh bien! il faudrait l'avertir : c'est un moyen excellent que nous n'avons pas encore employé.

M. Bontour. — C'est vrai, je sais où il est, Paffe : veux-tu que j'aille le lui dire?

M. de La Griffe. — Oui vraiment. Ne perds pas de temps, je t'attendrai.

M. Bontour. — Je reviens dans le moment.

SCÈNE II

M. DE LA GRIFFE, ÉZÉCHIEL, LE GARÇON.

Ézéchiel. — Messieurs, achetez toutes sortes te bijoux : tes montres, tes tabatières, tes étuis, j'ai toutes sortes; achetez, s'il vous plaît, vous à moi.

M. DE LA GRIFFE. — Garçon.

LE GARÇON. — Monsieur ?

M. DE LA GRIFFE. — Donnez-nous deux verres de liqueur.

LE GARÇON. — Monsieur, vous allez les avoir tout à l'heure.

ÉZÉCHIEL. — Monsieur la marquis, achetez-moi quelque chose, je ferai pon marché.

M. DE LA GRIFFE. — Oui, et tu me tromperas.

ÉZÉCHIEL. — Non, monsieur, je jure sur mon honneur.

M. DE LA GRIFFE. — Oui, l'honneur d'un juif !

ÉZÉCHIEL. — Monsieur, vous croyez pas, vous autres, mais je suis pour tire la vérité.

M. DE LA GRIFFE. — Je t'en réponds : je sais bien que vous êtes charmés de tromper un chrétien.

ÉZÉCHIEL. — Oh ! cela il est pon, monsieur la marquis, pour un patinage : je crois pas que vous croyez, et puis tout la monde il vous tira bien si je trompe jamais seulement un personne.

SCÈNE III

M. DE LA GRIFFE, M. BONTOUR, LE GARÇON, ÉZÉCHIEL.

M. BONTOUR, bas à M. de La Griffe. — Il va venir tout à l'heure.

M. DE LA GRIFFE. — C'est bon. Garçon !

LE GARÇON. — Monsieur ?

M. DE LA GRIFFE. — Eh bien ! cette liqueur ?

LE GARÇON. — Monsieur, je la tiens.

M. DE LA GRIFFE. — Allons donc.

LE GARÇON. — La voilà.

(Il apporte les deux verres. M. Bontour et M. de La Griffe boivent.)

ÉZÉCHIEL. — Eh bien ! monsieur marquis, vous voulez donc pas acheter ?

M. DE LA GRIFFE. — Laissez-nous en repos.

M. BONTOUR. — Ah ! ah ! je crois que c'est Ézéchiel.

ÉZÉCHIEL. — Oui, monsieur comte, pour servir à vous : dites donc à M. marquis d'acheter.

M. DE LA GRIFFE. — Bon ! tous ces gueux-là sont des fripons.

M. BONTOUR. — Non, il est honnête homme, lui : tu peux acheter, il vend en conscience. N'avais-tu pas envie de lui acheter une boîte d'or ?

M. DE LA GRIFFE. — Oui, mais je l'achèterai chez Tesnières.

ÉZÉCHIEL. — Donnez-moi, monsieur marquis, le préférence ; je suis pour servir vous encore mieux tout comme M. Tesnières, car j'ai acheté du meilleur marché encore, et qui est bien plus beau. Tenez, regardez, voilà un boîte, vous n'aurez pas la pour pareil prix avec un autre.

M. BONTOUR. — Elle est assez jolie.

M. DE LA GRIFFE. — Oui, mais elle est bien pesante.

ÉZÉCHIEL. — C'est de l'argent toujours dont on trouvera, quand monsieur la marquis il voudra.

M. DE LA GRIFFE. — Oui, il a raison : elle est belle.

ÉZÉCHIEL. — Je donne encore d'autres à plus pon marché, qui a moins de poids.

M. DE LA GRIFFE. — J'aime assez celle-là : Bontour, que me conseilles-tu ?

M. BONTOUR. — Je te conseille de la prendre.

M. DE LA GRIFFE. — Je la prendrai aussi, mais je veux savoir si le prix me convient.

ÉZÉCHIEL. — Le prix il est pour monsieur marquis de trente-neuf louis d'or et douze francs.

M. DE LA GRIFFE. — Et combien y a-t-il d'or?

ÉZÉCHIEL. — Il y a pour près de trente-deux louis d'or, neuf onces et demie et plus encore, presque un gros.

M. DE LA GRIFFE. — C'est sept louis et demi de façon.

ÉZÉCHIEL. — Je ne peux pas donner à moins.

M. DE LA GRIFFE. — Je n'en veux pas.

ÉZÉCHIEL. — Je suis fâché pour monsieur marquis, il aurait un fort pon marché : s'il y a pour la service autre chose, je suis.

M. DE LA GRIFFE. — Allons, laisse-moi en repos.

ÉZÉCHIEL. — Monsieur, je temande pardon.

SCÈNE IV

M. BONTOUR, M. DE LA GRIFFE,
M. PAFFE, qui n'approche pas d'abord, ÉZÉCHIEL.

M. Bontour. — Tiens, voilà Paffe qui arrive : finis ton marché.

Ézéchiel. — Eh bien ! monsieur marquis, voulez-vous pour trente-neuf louis ?

M. de La Griffe. — Me conseilles-tu de la prendre à ce prix-là ?

M. Bontour. — Ma foi oui : j'en ai vu une toute pareille l'autre jour, qui avait coûté quarante-cinq louis.

M. de La Griffe. — Eh bien ! je la prends. (Il la met dans sa poche.) Mais je veux savoir si le poids fait trente-deux louis. (Il tire sa bourse qu'il met sur la table.)

Ézéchiel. — Je vais compter devant M. la comte. (Il calcule).

M. de La Griffe. — Garçon !

Le Garçon. — Monsieur ?

M. de La Griffe. — Tenez, ôtez ces verres, et voilà votre argent. (Il lui donne vingt-quatre sous.) Le reste est pour vous.

Le Garçon. — Je vous suis bien obligé, monsieur.

M. de La Griffe. — Eh bien ! le compte.

Ézéchiel. — Tout à l'heure, il est fait à ce moment.

M. Paffe, à M. de La Griffe. — Ah ! je vous trouve donc enfin, monsieur. (Il lui donne un soufflet.)

M. de La Griffe, s'écriant. — Ah !

M. Paffe. — Monsieur, je me suis trompé : je vous demande pardon. (Il s'enfuit.)

M. de La Griffe met l'épée à la main. — Comment !
(Il le suit et laisse sa bourse sur la table. M. Bontour court après eux.
Le garçon les regarde aller de la porte.)

SCÈNE V

ÉZÉCHIEL, LE GARÇON.

ÉZÉCHIEL, restant auprès de la table. — Pardi ! voilà un grand malheur que cette honnête gentilhomme il a reçu là.

LE GARÇON, revenant. — Bon, ils sont bien loin ! ils ont déjà tourné le coin de la petite rue.

ÉZÉCHIEL. — Et connaissez-vous tous les deux ?

LE GARÇON. — Non, je ne les ai jamais vus.

ÉZÉCHIEL. — Si la première il est tué, l'autre il viendra toujours : je reste ici auprès de son bourse.

LE GARÇON. — Vous a-t-il acheté quelque chose ?

ÉZÉCHIEL. — Une tabatière de trente-neuf louis d'or.

LE GARÇON. — L'a-t-il emportée ?

ÉZÉCHIEL. — Oui, j'ai donné à lui, et je suis pas embarrassé, parce que sa argent il répond ; je veux pas toucher plus que quand lui ou l'autre il viendra.

LE GARÇON. — C'est bien fait : je m'en vais voir à la porte.

SCÈNE VI

M. POMART, ÉZÉCHIEL, LE GARÇON.

M. POMART. — Parbleu ! je viens de voir une drôle d'histoire dans la petite rue qui tourne à gauche, dans l'autre qu'on appelle...

LE GARÇON. — N'est-ce pas un monsieur qui courait l'épée à la main après un autre ?

M. POMART. — Oui : est-ce que vous savez ce que c'est ?

LE GARÇON. — Ils sortent d'ici. Ils étaient deux assis là, quand il est venu un troisième qui a donné un soufflet à l'un d'eux ; aussitôt celui qui a reçu le soufflet a tiré son épée et l'a poursuivi.

M. POMART. — Eh bien ! c'est cela même : il avait reçu un soufflet, cela est bien vrai ?

Le Garçon. — Pardi ! demandez à M. Ézéchiel, il l'a vu.

M. Pomart. — Cela n'est pas possible.

Le Garçon. — Mais pourquoi ne voulez-vous pas me croire ?

M. Pomart. — C'est que s'il avait reçu un soufflet il aurait été obligé de se battre.

Le Garçon. — Ils se sont battus aussi.

M. Pomart. — Et je vous dis que non.

Le Garçon. — Mais je vous demande pardon.

M. Pomart. — Je vous dis, moi, que j'ai vu celui qui avait l'épée à la main la remettre dans le fourreau quand il a eu rejoint celui qu'il poursuivait, et qu'ils se sont mis tous les trois à rire comme des fous.

Le Garçon. — A quoi cela serait-il bon ?

M. Pomart. — Je n'en sais rien, mais je l'ai vu et c'est ce qui m'a paru plaisant.

Ézéchiel. — Eh ! monsieur, je puis demander, vont-ils revenir ici présentement ?

M. Pomart. — Je ne crois pas, car ils marchaient fort vite et ils tournaient le dos à ce quartier-ci.

Ézéchiel. — Mais moi, qu'est-ce que je dois donc faire présentement ?

M. Pomart. — Sur quoi ?

Le Garçon. — C'est que celui qui a reçu le soufflet lui a acheté une tabatière de trente-neuf louis.

M. Pomart. — Oh bien! voilà ce que c'est : il ne le verra jamais.

Ézéchiel. — Oui, mais il a laissé son bourse ici, il faudra bien qu'il vienne pour reprendre : la voilà.

M. Pomart. — Ah ! cela est différent ; je ne comprends pourtant pas...

Le Garçon. — Que conseillez-vous à M. Ézéchiel, monsieur ?

M. Pomart. — De compter ce qu'il y a dans la bourse, de prendre ses trente-neuf louis et de vous laisser la bourse pour la rendre quand on viendra la redemander.

Le Garçon. — Vous serez donc témoin ?

M. Pomart. — Oui, je le veux bien.

ÉZÉCHIEL. — Allons, comptez, je vous prie, avec moi.
(Il dénoue la bourse et n'y trouve que des liards.) Ah ! je suis
perdu ! Il n'y a que des liards.

M. POMART. — Ils vous ont attrapé.

ÉZÉCHIEL, pleurant. — Je vais courir après : n'est-ce
pas à droite ?

M. POMART. — Oui.

ÉZÉCHIEL, pleurant. — Si je trouve pas, je fais mon dé-
claration. Je suis un grandement malheureux. (Il sort.)

M. POMART. — Je vous avais bien dit qu'il y avait
quelque chose là-dessous. Je vais voir s'il suit le chemin qu'ils ont pris.

FIN

ON DIT, d'un LIVRE

accepté par les Écoles et les Familles,
« C'EST UN BON LIVRE. »
De là, notre titre :
100 BONS LIVRES A.D. RION à 10°

NOUS DISONS: « Il faut
à chaque Famille, SA BIBLIOTHÈQUE :
C'est facile, puisqu'il suffit de donner aux
ENFANTS chaque semaine, DIX c.
pour acheter l'un des
CENT BONS LIVRES

Lecture.

1. ALPHABET PROGRESSIF, l'INSTRUCTION PRIMAIRE POUR 10 c. : *Six A, B, C, Syllabaires, Types d'Écritures, Religion, Arithmétique, Géographie, Jardinage, Dessin, Musique, Gymnastique*, AVEC 80 GRAVURES. (Tout cela pour 10 c.)
2. CIVILITÉ et RÈGLES DU SAVOIR-VIVRE, 8e édition.
3. EXEMPLES D'ÉCRITURES : *tous les genres.*

Langue française.

4. LHOMOND. *Grammaire française* (excellente édition), suivie du SYSTÈME MÉTRIQUE, avec figures.
5. LHOMOND. *Exercices sur chacune des Règles de la Grammaire.* (Livre de l'Élève.)
6. LHOMOND. *Corrigé des Exercices.* (Livre du Maître.)
7. LHOMOND. *Analyse appliquée à la Grammaire.*
8. DEUX MILLE LOCUTIONS ET FAUTES CORRIGÉES. *Ne Dites pas, mais Dites* (d'après l'Académie) 8e édit.

Religion.

Géographie.

Histoire.

Lectures choisies.

Commerce.

29. ARITHMÉTIQUE SIMPLIFIÉE : *toutes les Règles.* 10° éd

30. TENUE DE LIVRES (en partie simple et en parti
double). 8° édition.

Lectures choisies.

31. MYTHOLOGIE (revue avec soin). 3° édition.

32. CENT RÉCITS. BONS EXEMPLES. *Hommes utiles.* 5° éd

33. FLORIAN. FABLES CHOISIES (avec notes). 3° édit.

Connaissances utiles.

34. TRAVAUX A L'AIGUILLE : Couture, — Tricot, — Crochet,
— Broderie, — Tapisserie, — Machine à coudre,
avec 50 figures, 3° édition.

35. LA MUSIQUE A LA PORTÉE DE TOUT LE MONDE. 8° édit.

36. ELÉMENTS D'ALGÈBRE,

37. EXERCICES D'ALGÈBRE,

38. CHIMIE,

39. PHYSIQUE,

40. AGRICULTURE,

41. JARDINAGE,

42. DESSIN LINÉAIRE,

AVEC 600 FIGURES.

43. DESSIN D'IMITATION,

44. GÉOMÉTRIE,

45. MÉCANIQUE,

46. ARPENTAGE,

47. EXERCICES. ARITHMÉT.

48. EXERCICES GÉOMÉTRIE.

49. DICTIONNAIRE DE LA CONVERSATION. *Pourquoi et
Parce que. De tout un peu.* (Faits curieux.)

50. LE LIVRE DE LA SANTÉ (*le Médecin de la Famille.*)

Lectures.

51. BUFFON (CHOIX),

52. ETUDES DE LA NATURE,

53. CHATEAUBRIAND,

Sciences.

54. ASTRONOMIE,

55. GÉOLOGIE,

56. MINÉRALOGIE.

Un Livre utile.

57. CONTRE L'IVROGNERIE, L'ABUS DU TABAC ET L'IGNO-
RANCE. 73° édition OEuvre COURONNÉE.

Histoire naturelle.

L'Agréable et l'Utile.

Histoire.

Lectures choisies.

POÉSIE

PROSE

Théâtre Classique.

CORNEILLE

81. Cid. 82, Horace. | 84. Nicomède, | 86. Polyeucte,
83. Cinna, | 85. Rodogune, | 87. Le Menteur,

RACINE

Athalie, | 89. Andromaque, | 91. Iphigénie,
88. Britannicus, | 90. Mithridate, | 92. Plaideurs,

BONS AUTEURS   (Sujets français.)

93. La Touche. Iphigénie, | 97. Raynouard. Templiers,
94. La Fosse. Manlius, | 98. Chénier. Charles IX,
95. Ducis. Macbeth, | 99. Du Belloy. Siége Calais,
96. — Hamlet, | 100. Jeanne d'Arc.

TRÈS-RECOMMANDÉS (Nouvelles éditions)

N° 1. ALPHABET PROGRESSIF, ou l'Instruction primaire pour 10 c. : *Six A, B, C, Syllabaires, Types d'Ecritures, Religion, Arithmétique, Géographie, Jardinage, Dessin, Musique, Gymnastique.* Avec 80 gravures. (Tout cela pour 10 c.)

N° 64. Nids, Langage, Voyages des Oiseaux (*Instinct des Animaux :* les *Infiniment petits*), 80 figures.

N° 57. Ivrognerie-Tabac-Ignorance. 73e édition

Œuvre couronnée

---

100 BONS LIVRES Ad. Rion 10c

Dans toute la France, chez tous les libraires

Ils sont priés de s'adresser à leurs *Commissionnaires* ou aux maisons :

HACHETTE. | ALLOUARD | COSTE | JEANMAIRE
VERNAY | MANGINOT | GOIN | GUÉRIN
SCHULZ | CLAVERIE | GAULON | BROUILLET

PARIS. — IMPRIMERIE Vᵗᵉ P. LAROUSSE ET Cⁱᵉ, RUE NOTRE-DAME-DES-CHAMPS, 49

HANSONS POPULAIRES

DE LA FRANCE

ROMANCES, RONDES, VAUDEVILLES.

————o◉o————

THÉATRE à 20c

chefs-d'œuvre dramatiques de

NOS MEILLEURS ÉCRIVAINS;

6,000 pages

Paroles et Musique de 130 Opéras de

NOS MEILLEURS MUSICIENS

t 4,000 couplets avec MUSIQUE des

CURIEUX SPECTACLES FORAINS

SAINT-GERMAIN ET SAINT-LAURENT.

————o◉o————

Il donne aussi, à la fin de la plupart de ses volumes, en

OO livraisons, 2,000 CHANSONS POPULAIRES

VAUDEVILLES, PONTS-NEUFS

CHANTÉS SUR NOS

GRANDS ET NOS PETITS THÉATRES

PARIS. — IMP. Vᵉ P. LAROUSSE ET Cⁱᵉ, RUE N.-D.-DES-CHAMPS, 49.

20c — THÉATRE — 20c

CHEZ TOUS LES LIBRAIRES

MARS 1878	AVRIL 1878

MARS 1878

Piron

51 *La Métromanie*

Dancourt

52 *Le Chevalier à la mode*
53 *Mari retrouvé, - Bourgeoises*
54 *Galant Jardinier — Cousines*
55 *Maison de campagne; etc.*
56 *Le Tuteur, — les Vendanges*
57 *Charivari, — la Parisienne*
58 *Colin-Maillard — Moulin*
59 *Les Curieux, — les Vacances*

Fabre d'Églantine

60 *Le Philinte de Molière*
61 *L'Intrigue épistolaire*

Boissy

62 *L'Auteur superstitieux, etc.*
63 *Sage-Etourdi, — l'Epoux*
64 *Le Babillard, — le Médecin*
65 *Vie est un songe, le Français*
66 *Le Mari garçon, — Critique*

Dorvigny

67 *Nitouche et Guignolet, etc.*
68 *Blaise le Hargneux, etc.*
69 *Désespoir de Jocrisse, etc.*

Monvel et Barth

70 *Amant bourru — F. infidèl.*

Delisle

71 *Arlequin sauvage, - le Timon*

Boindin

72 *Trois Gascons, - Port de mer*

Patrat

73 *Deux Frères, — Erreur*
74 *Les Deux Grenadiers, etc.*
75 *Le Fou, — Complot inutile*

AVRIL 1878

(Grétry, Audinot, Monsigny)

500 AIRS et ROMANCES
avec accompagnement de

PIANO

Grétry

76 *Richard Cœur de Lion*
77 *Zémire et Azor*
78 *Le Tableau parlant*
79 *La Fausse Magie*
80 *Vieux Temps (Aucassin)*
81-82 *Sylvain, — L'Epreuve*
83 *Les Deux Avares*
84 *La Rosière de Salency*
85 *La Caravane du Caire*

Audinot

86 *Le Tonnelier*

Monsigny

87-88 *Déserteur, — Rose et Colas*
89 *Le Cadi dupé*
90 *On ne s'avise jamais de tout*
91 *La Belle Arsène*
92 *Le Roi et le Fermier*

Allainval (d')

93 *L'Ecole des Bourgeois*

Sedaine

94 *Le Philosophe, -- Gageure*

Montfleury

95 *La Fille capitaine*
96 *La Femme juge et partie*

La Chaussée

97 *Mélanide*
98 *L'Ecole des Mères*
99 *La Gouvernante*
100 *Le Préjugé à la mode*

200 pièces volumes d'ici fin présente année 1878.

www.ingramcontent.com/pod-product-compliance
Lightning Source LLC
Chambersburg PA
CBHW070132100426
42744CB00009B/1809